成本管理与控制实战丛书

餐饮
成本管理与控制

实战宝典

方辉 主编

化学工业出版社
·北京·

内容提要

　　《餐饮成本管理与控制实战宝典》一书具体包括餐饮企业成本控制概述、餐饮成本控制的基础工作、餐饮采购环节的成本控制、食材仓储环节成本控制、食品生产加工环节成本控制、餐厅销售服务环节成本控制、宴会成本控制、其他成本费用控制、加强餐饮成本的核算工作九章内容。本书文字浅显，语言简练，条理清晰，深入浅出，将复杂的管理理论用平实的语言与实际操作结合起来，还介绍了"互联网＋"下成本管理、"共享员工"等新方法，读来轻松，用时方便。

　　本书可供餐饮企业管理者、餐厅负责人和管理人员，以及新入职的大中专毕业生，有志于从事餐饮企业管理的人士学习参考。

图书在版编目（CIP）数据

餐饮成本管理与控制实战宝典/方辉主编.—北京：
化学工业出版社，2020.9（2024.6 重印）
（成本管理与控制实战丛书）
ISBN 978-7-122-36946-8

Ⅰ.①餐…　Ⅱ.①方…　Ⅲ.①饮食业-成本管理
Ⅳ.①F719.3

中国版本图书馆CIP数据核字（2020）第084290号

责任编辑：陈　蕾　　　　　　　　　　　装帧设计：尹琳琳
责任校对：王素芹

出版发行：化学工业出版社（北京市东城区青年湖南街13号　邮政编码100011）
印　　装：北京盛通数码印刷有限公司
787mm×1092mm　1/16　印张14　字数279千字　　2024年6月北京第1版第3次印刷

购书咨询：010-64518888　　　　　　　　售后服务：010-64518899
网　　址：http://www.cip.com.cn
凡购买本书，如有缺损质量问题，本社销售中心负责调换。

定　　价：68.00元　　　　　　　　　　　　　　　版权所有　违者必究

前言

　　成本管理与控制是企业永恒的主题。利润与成本的关系就是在收入一定的情况下，成本越低，利润越大。而成本管理的目标是保证成本的支出获得最有效的收益——提升价值。成本控制不等于省钱，花得多会浪费，花得少也会有浪费，花多花少不是重点，花得有效才是关键，才会避免价值不平衡造成的浪费。

　　对于企业而言，暴利的年代一去不复返，人工成本、材料成本年年在攀升，企业盈利的空间似乎越来越低，而每年却仍在不断地有新的企业成立，企业之间的竞争也就越演越烈，企业的竞争力在哪里？在成本管理！对于许多企业而言，能否继续生存取决于运用复杂的成本管理系统的能力，而这种成本管理系统，能产生内在动力来促使企业成本的下降。

　　控制成本＝增加利润，企业赢在成本！

　　当然，许多企业都很重视成本管理与控制，但有时收效甚微，有的最后甚至放弃去抓。基于此，我们的管理团队萌发了一个想法，就是将团队在给企业辅导的过程中关于成本管理与控制的经验总结出来，编写成"成本管理与控制实战丛书"，期待能帮助到处在困境或迷惑中的企业管理者。

　　而本书涉及的餐饮行业是一个采购成本高、人力支出费用大、劳动力密集、投入总成本高的行业。近年来，随着国内餐饮行业不断扩大，餐饮市场竞争日趋激烈，餐饮成本管理成为餐饮企业管理的核心问题。

　　面对这种形势，餐饮企业如何提高自身的竞争力，使企业处在有利地位，从而获取更高经济效益成为企业发展过程中着重考虑的问题。众所周知，餐饮企业的日常经营消耗主要集中在菜品的原材料上，那么如何有效地降低原材料的成本和损耗，这就要求企业在采购、出入库以及成本核算、内部管理方面具有非常严格的流程和制度。餐饮企业不仅要通过强化内部管理堵住各种"跑、冒、滴、漏"，控制成本，达到降本增效的目的，同时还要寻找新的企业管理方法和成本管理思路，才能为餐饮行业带来更大的发展空间。

　　基于此，我们组织编写了本书，具体包括餐饮企业成本控制概述、餐饮成本控制的基础工作、餐饮采购环节的成本控制、食材仓储环节成本控制、食品生产加工环节成本控制、餐厅销售服务环节成本控制、宴会成本控制、其他成本费用控制、加强餐饮成本的核算工作九章内容。

本书文字浅显，语言简练，条理清晰，深入浅出，将复杂的管理理论用平实的语言与实际操作结合起来，读来轻松，用时方便。可供餐饮企业管理者、餐厅负责人和管理人员，以及新入职的大中专毕业生、有志于从事餐饮企业管理的人士学习参考。

由于笔者水平有限，疏漏之处在所难免，敬请读者批评指正。

编　者

第二章　餐饮成本控制的基础工作

成本控制的实施依赖于成本管理的基础工作，没有可靠的成本信息作为依据，实现成本控制的目标只会成为一句空话。要提高企业成本信息的可靠性，企业必须建立和健全成本控制基础工作。

第三章　餐饮采购环节的成本控制

采购成本影响餐饮产品利润：菜品利润表现在销售价格上，但隐含在采购中。采购价格的差异表现在地区差价、产销差价、批零差价、季节差价等，还受采购方式和采购数量的影响。采购数量影响流动资金的周转：资金的周转期越短，流动速度越快，获利能力就越大。现金支付货款，造成积压和库存过大，影响资金周转。

04

第四章　食材仓储环节成本控制

食品原料的储存管理，对餐饮成品的质量和企业的成本有着举足轻重影响。许多餐饮企业，对于食物仓库的管理不善，不是视若无睹，就是束手无策，形成物质的浪费和成本的负担。

第五章 食品生产加工环节成本控制

食品成本是否能得到有效管理和控制，关键在于对食品过程中的成本控制。本章主要介绍厨房管理体系中各个环节的成本控制方法，以期管理者能够规范初加工人员的操作，提高原材料净现率与出成率，从而掌握在食品生产过程中进行成本控制的方法和技巧。

第六章　餐厅销售服务环节成本控制

餐饮行业的服务环节就是销售环节，要把控的重点是如何以最低的服务成本获取最有效、最大的销售额度。同时，餐厅还需要培养员工的归属感，避免频繁的员工更替造成人工成本的浪费。

第七章　宴会成本控制

　　经营宴会厅时，为避免增加成本，必须尽量减少浪费并将其他可能的损失减至最低，然后，在控制成本之余，更应确保食物的品质与数量不受影响。在宴会成本控制中，管理者要结合宴会生产经营的特点，把成本控制工作落实到生产经营活动过程中的每一环节，防止出现成本泄露点。

第八章　其他成本费用控制

对于餐饮企业而言，还有很多让人不太注意却消耗企业资金的费用，如经常性支出费用（租金、广告费用、刷卡手续费、折旧费、停车费、修缮费），以及餐具损耗、低值易耗品的损耗、外包业务费用。这些费用若加以有效控制，则经营成本必大大降低。

第九章　加强餐饮成本的核算工作

成本费用是影响餐饮管理经济效益的重要因素，加强成本核算与控制，降低费用开支，提高经济效益，是餐饮企业管理人员的重要职责。

第一章
餐饮企业成本控制概述

引言

　　餐饮成本是指餐饮企业一个生产和销售周期的各种耗费或支出的总和。它包括采购、保管、加工和出售各环节产生的直接成本和间接成本两部分。餐饮成本控制是以目标成本为基础，对日常管理中产生的各项成本所进行的计量、检查、监督和指导，使其成本开支在满足业务活动需要的前提下，不超过事先规定的标准或预算。

第一节　餐饮企业成本组成与分类

一、什么是成本

（一）广义的成本

广义的餐饮企业成本包括原材料费用、工资费用、其他费用（包括水、电、煤气费，购买餐具、厨具费用，餐具损耗费用，清洁、洗涤费用，办公用品费，银行利息，租金，电话费，差旅费等），可用如下公式计算。

$$成本＝直接材料费用＋直接人工费用＋其他费用$$

（二）狭义的成本

狭义的成本仅指餐饮企业各营业部门为正常营业所需而购进的各种原材料费用。通常餐饮企业的成本核算仅指狭义的成本核算。

二、餐饮企业成本的组成

餐饮企业成本一般包括直接成本、出库成本、毁损成本（盘点净损失）三个部分，即

$$餐饮企业成本＝直接成本＋出库成本＋盘点净损失$$

直接成本是指餐饮成品中具体的材料费用，包括食物成本和饮料成本，也是餐饮企

业中最主要的支出。间接成本是指操作过程中所引发的其他费用，如人员费用和一些固定的开销（又称为经常费用）。人员费用包括员工的薪资、奖金、食宿、培训和福利等；经常费用则是指租金、水电费、设备装潢的折旧、利息、税金、保险和其他杂费。

盘点净损失是指通过实地盘点，盘点实数与账存数之间的差异。餐饮企业在营运期间由于各种原因，可能会出现账实不符的情况，如出品后因未及时开单而没收到钱，酒吧员不小心打破酒水，服务员打破餐具，失窃等。

三、餐饮企业成本的分类

根据不同的标准，可以将餐饮企业成本分成不同的种类，具体内容见表1-1。

表1-1　餐饮企业成本的分类

序号	标准	种类	具体内容
1	根据成本可控程度	可控成本	可控成本是指通过员工主观努力可以控制的各种消耗，如食品原材料、水电费、燃料费、餐茶用品等的消耗
		不可控成本	不可控成本是指很难通过员工主观努力加以控制的成本开支，如折旧费、工资等
2	根据成本性质	固定成本	固定成本是指在一定时期和一定经营条件下，不随餐饮产品的生产销量变化而变化的成本，如工资、折旧费用、管理费用等
		变动成本	变动成本是指在一定时期和经营条件下，随产品的生产和销量的变化而变化的那部分成本，如食材成本、水电费、燃料费等
3	根据成本与产品形成的关系	直接成本	直接成本是指在产品生产中直接耗用、不需分摊即可加入产品成本中去的那部分成本，如直接材料、直接人工、直接耗费等
		间接成本	间接成本是指需要通过分摊才能加入产品成本中去的各种耗费，如销售费用、维修费用、管理费用等
4	根据成本和决策的关系	边际成本	边际成本是指为增加一定产销量所追加的成本。在餐饮企业管理中，需要增加餐饮产品的产销量，以增加收入 产销量的增加不是没有限制的，当其超过一定限度时，市场供求关系会发生变化，成本份额也会随之发生变化，从而使利润减少
		机会成本	机会成本是指从多种方案中选择一个最佳方案时，被放弃的次优方案所包含的潜在利益

🔷 提醒您：

从经营决策来看，当边际成本和边际收入相等时，利润最大。因此，边际成本是确定餐饮产品产销量的重要决策依据。

第二节 餐饮企业成本控制的特征与现状

要想在市场竞争中生存和发展，就必须不断提升餐饮企业自身实力，从企业内部挖掘潜力，让消费者花同样的钱可以得到更多的实惠和满足。同一地区、同一类型、同档次餐厅，同样的质量，若能在价格上占有优势，就能赢得更多的顾客，为企业带来更大利益。

企业经营的最终目的就在于追求利润最大化，作为管理者就需要加强企业内部管理，减少和控制成本支出，而成本控制的优劣正是餐饮企业管理水平的最好见证。在这个"微利时代"，不仅是营销上的竞争，更是管理上的竞争，谁肯踏踏实实地"精耕细作"，谁就能在效益上领先，在市场上立足。因此在餐饮经营面临新形势的前提条件下，企业要在提高管理水平、降本增效方面做文章，在全力控制物耗成本与人力成本等方面，采取一些扎扎实实的措施，以适应时代的要求，取得更好的经济效益。

一、餐饮成本控制的特征

餐饮业具有极强的特殊的独立操作特征，与其他行业诸如超市管理、企事业单位的旁支管理以及交通管理都有所区别，餐饮行业有其独到之处。尽管各行各业在本质上都可以发掘其共同点，但在每个行业中一定有其特别之处，餐饮行业的特别之处就在于其成本控制。

（一）具有一定职业技术性

相对于其他整进整出的行业而言，作为餐饮业的单位在进料、售出原料过程中，会有一个额外的技术参数，技术参数即餐饮业成本控制的技术含量，也是餐饮业成本控制的独到之处。

只有技术含量达标，在预期的目标范围之内才能获得预期的效果，否则不仅仅达不到预期效果，甚至很有可能丧失控制的意义，更甚者会入不敷出。

对于超市等整进整出的行业，如要采购72台计算机，每台进价（含运费及相应费用）为5200元，出售时扣除相应税费等项目，净价为9500元，那么购销差4300即为其主营业务利润，不存在技术参数的调整，非常容易计算。

而厨房在制作菜肴的过程中，首先要采购原料，在采购过程中需要以尽可能低的成本购入，加工后以尽可能高的价格售出，这是餐饮业经营最简单的目的，只有达到了这个目的，预期的营利才有实现的可能。

要想达到理想化的目标，就需要对加工过程中的每一个环节进行严格控制，在技术性领域内勤学苦练，否则成本注定会加大。

（二）具有相对准确性

成本控制只存在相对准确性，而没有绝对准确性。

有些人将餐饮业管理的准确性理解为简单的"砌砖头"，可以精密计算，如对于一面墙使用多少块砖可以建成，优秀的精算师估量的结果一般与实际不相上下。但餐饮业有其独特性，成本不可能精确计算，影响成本计算的因素多种多样，如图1-1所示。

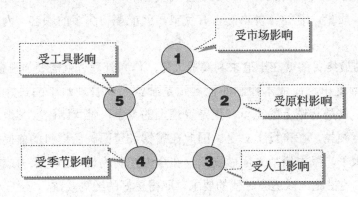

图1-1　影响成本计算的因素

1.受市场影响

例如干烧鱼这道菜，烹饪干烧鱼时通常选用草鱼作为原料，草鱼的市价每天都在变化，今天可能是5.50元/斤（1斤＝0.5千克，下同），明天也许就是7.50元/斤，后天可能又降到5.00元/斤。

2.受原料影响

例如通脊肉，质量好的通脊肉薄而少弯头；相反质量差的通脊肉往往在其下方带有一块弯头，弯头肯定会影响出成率，也许今天采购的通脊肉质量好，明天采购的稍差，后天采购的质量又非常好，因此核算的结果也只能是相对的。

3.受人工影响

没有任何一种烹饪原料可以直接拿来单独制作菜肴，必须要经过不同加工环节才能够最终上盘。在加工过程中，又受到厨师手艺、加工工具、原料质量等的影响，因此制作出的菜肴费料程度又不尽相同。

同样是剔鱼工序，对于手艺精湛的厨师，2斤的鱼可以有50%的出成率，也就是说2斤的草鱼，经过去鳞、鳃、内脏的细加工过程后可以剔出1斤纯肉；但手艺稍差的厨师出成率也许只有40%甚或更低。

4.受季节影响

在特殊季节，如夏季是草鱼甩子的季节，不能够大批上市，鱼肚内的鱼子会吸收母鱼体内的营养成分，此时无论手艺多么高超的厨师，剔鱼的出成率也只能达到40%左右。

5.受工具影响

除了人工技术含量外，成本还会受到工具的影响，刀是否锋利？砧板是否平整？原料的质量是否够好？种种因素都会影响成本控制，因此，一年四季核算所得的数据不可能完全相同。

餐饮业的成本控制没有绝对的准确性，只能计算相对准确性，影响相对与绝对的因素即加工的技术含量，包括加工的工艺、水准等。

（三）成本控制是管理餐厅经济运行的有效工具

成本控制着整个项目运行操作、核算的过程，是管理科目内部的一部分，是一项工具型学科，而并非手艺型学科。

因此，研究此学科的人员首先要有极强的职业技术性。尽管会计师、高级经济师等专业知识强，但是由于其对实际操作过程的了解程度不多，控制菜肴成本的能力往往很弱。由此可见，进行控制的人员必须在厨房工作过，兼懂得基本财务知识，只有了解经济运行的操作方法，才可能实现控制的目标。

（四）具有可持续发展的重要作用

成本控制使经营主体具有可持续发展的空间。在厨师培训过程中，往往缺少成本控制的环节，因此绝大多数的厨师虽然烧得一手好菜，招牌菜一天几百位顾客点，但究竟在销售以后能实现多少利润，却鲜有人知，大家只知道菜肴销售出去肯定营利，但营利多少完全要依靠月底盘点，这也是成本控制中最大的缺陷所在。

二、餐饮成本控制的现状

（一）成本标准制定不规范

有很多的餐饮企业，都没有制定菜品的标准成本，没有规范厨师在菜品生产作业中的成本使用，通常是口头说了算。如某餐饮公司，以"荷塘小炒"为例，标准分量是百合二两（1两=50克，下同）、木耳一两、西芹二两、荷兰豆一两、马蹄肉片一两。但很多时候厨师很随意，凭感觉，眼睛看或手感来确定质量，不是用秤来称斤两。又如18元一份的"猪扒饭或牛扒饭"快餐，通常是一份饭加一块猪扒或牛扒，但有些员工不按规定操作，有朋友或熟的客人来了就多加一两块猪扒或牛扒在里面，可实际上收银还是按原来的金额收取。以上例子都说明成本必然增加，菜品质量难以保证。

（二）原材料采购缺乏管理

采购是控制材料成本的第一道关口，直接影响餐饮企业的经营业绩，实际的采购环节容易出现问题。

以某餐饮企业为例，没有设立采购监督员或小组，原材料采购回来后没有专职验收验货人，原材料会直接被厨房使用，这样会出现短斤少两，开高单价，或把没有的材料也开在送货单里的情况。采购员和财务员为同一人，这样往往会导致在监管上出现很大问题，如以次充好，与供货商联合起来，中间"吃回扣"，容易中饱私囊、损公肥私。

（三）从业人员流动性大，容易导致人工开支增加

餐饮服务业是劳动密集型行业，人们对服务的要求是永无止境的，为此，需要大量人员来从事这项工作。

人力成本，指企业拥有和使用人力资源时产生的用价值表示的各项支出与耗费，包括人力资源投资成本与人力资源费用。人力资源投资成本指企业拥有人力资源以便取得未来经济效益而产生的各项支出，包括人力资源的取得成本、形成成本、开发成本、保护成本、重置成本五个部分。而人力资源使用费用主要指员工的工资和福利。在餐饮业中，其员工的稳定性并不大，无论是管理还是一线员工（服务员），其流动性都很大。餐厅越来越面临人员的更新问题，要聘到称职人员比较难，经常是新员工刚来经过简单培训后就要上岗，然而，现在顾客越来越挑剔，他们非常看重一线员工的服务质量和效率。但是，一线员工的实际素质往往不太高，餐饮业受到"低素质员工综合征"的困扰。因此，餐厅在招聘、培训新员工方面都会付出相当的费用与成本，当员工在实际工作中仍然不能胜任工作时，造成的损失和浪费也会加在成本中，甚至带来无法挽回的损失。要控制好这方面的成本投放，餐饮业人员管理还需下很大的功夫。

三、加强成本控制的意义

随着餐饮业竞争日趋激烈，利润空间日趋狭小，餐饮企业各自的市场份额日益稀薄。社会整体物价水平的逐步上升，人工成本的日渐提高，餐饮经营的利润率呈现相对下降、成本率呈现不断提高的趋势。面对更加激烈的市场竞争，餐饮企业必须根据自身的经营特点有针对性地进行成本控制，有效地强化成本管理，从而形成自己的竞争优势。具体来说，加强成本管理对餐饮企业具有图1-2所示的意义。

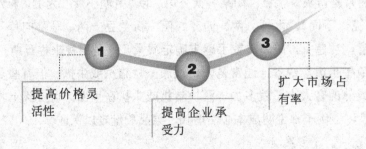

图1-2　加强成本管理的意义

1.提高价格灵活性

餐饮企业有效控制成本可面对其他企业的各项竞争而采取对应的防御措施，积极应对竞争对手的价格战争，从而获得在市场上的占有率。当企业具有在价格制定上的灵活

性时，一方面可以积极应对其他企业的价格战争；另一方面可以向对手发起竞争。在餐饮成本上所具有的优势必然给企业带来价格制定上的灵活性。

2.提高企业承受力

市场瞬息万变，而餐饮市场更是倾向于买方市场，完全具有不可确定性。当餐饮企业面对原材料的价格上涨时，低成本战略可以帮助企业有更强的承压能力。即使在竞争中也可以积极地通过自身内部的成本控制使其克服来自企业外部对企业本身所造成的影响。

3.扩大市场占有率

低成本不仅是一个餐饮企业制定成本价格的基础，而且是企业提高自己产品质量的基础。一个餐饮企业在不降低产品质量基础之上的价格控制无疑是吸引顾客的重要前提。对于一个企业而言，当本身用较低价格对外经营的时候，其可以获得较大的边际利润。作为经营者和顾客双方都可以获得比较满意的价格，这样的双赢是维护和巩固甚至提高市场占有率的重要途径。

第三节 "互联网+"下餐饮业的成本管理

一、"互联网+餐饮"的最大价值

互联网出现的最大价值就是，消除了一切不对称信息距离。而互联网+餐饮的新模式，基本上可以看作一个突破，就是"互联网减法"（图1-3），即去掉中间环节，让信息直接流通。

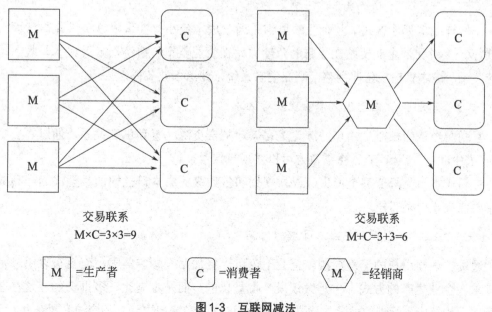

图1-3 互联网减法

就餐饮业来说，准入门槛不断降低，原材料、调味品价格变得透明化，让整体餐饮店的价格下降到一个合理范围。供求关系也能即时从互联网上反映出来。

可以说餐饮业是和互联网结合渗透最快的行业之一。建立微博、公众号，朋友圈转发、团购网站推广，各种"玩法"层出不穷，餐饮业借助互联网营销一夜之间成为"标配"。

二、"互联网+"对成本管理的影响

"互联网+"全方位地改变了人们的生活。身处"互联网+"时代，餐饮企业更要用全新的思路来看待和管理成本。具体来看，"互联网+"给成本管理带来了图1-4所示的变化。

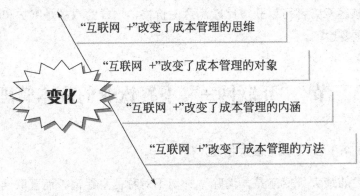

图1-4　"互联网+"带给成本管理的变化

（一）"互联网+"改变了成本管理的思维

在传统成本管理模式下，企业的思维是通过成本最小化实现财富最大化。然而，在"互联网+"时代，企业要站在战略的角度，站在企业整个价值链上考虑成本与收入、利润的关系，成本管理要延伸到整个商业生态系统，并深入业务前端。

（二）"互联网+"改变了成本管理的对象

互联网经济的核心是共享经济，更完美地契合资源配置和供需关系，通过"去中介化""去中间化"，让产销、供需双方可以实现直接对接。

中间成本日益降低甚至消失，设计规划和售后服务成本日益增加甚至成为产品成本的主要或重要构成部分。

（三）"互联网+"改变了成本管理的内涵

通过实现与用户的无缝衔接，企业不仅可以更加贴合顾客需求，而且可以引领消费者需求。企业生产的方式不再是大规模、批量化的，而是定制化、多批量的。这在客观上颠覆了传统成本管理的内涵，成本管理不再仅仅是管理和控制，还应该是设计和规划。

（四）"互联网+"改变了成本管理的方法

以标准成本法、定额管理、目标成本法等为代表的传统成本管理方法不会消失。但是，基于战略管理思想的作业成本管理、动态成本管理等方法将在成本管理体系中拥有更多的话语权。

在"互联网+"时代，随着生产模式的日趋智能化、个性化、定制化，以及企业"平台化"的不断发展，贴合企业商业模式的即时、更精细、更全面的成本管理会越来越重要，越来越有价值。

三、"互联网+"在成本管理中的应用

"互联网+"对餐饮企业不仅在营销方面产生巨大的影响，同时在成本控制方面也影响甚大，主要应用在图1-5所示的方面。

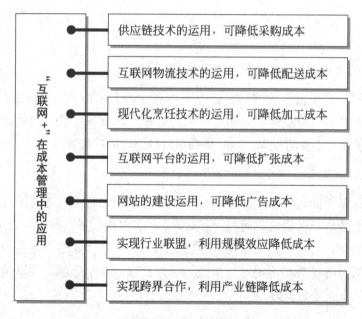

图1-5 "互联网+"在成本管理中的应用

（一）供应链技术的运用，可降低采购成本

供应链技术的运用，帮助餐饮企业在众多上游供应商中快速筛选出价格较低、质量较好的供应商，并进行实时更新，这样一方面节约了企业在采购环节的成本；另一方面提高了采购效率，间接降低了企业的成本费用构成。

（二）互联网物流技术的运用，可降低配送成本

现阶段网络物流发展较为成熟，各个地区的配送通过网络下单，统一配送，共用冷链技术，通过集中配送降低了企业自行配送的成本，这对于中小餐饮企业来说在降低成

本费用方面的作用十分明显。

（三）现代化烹饪技术的运用，可降低加工成本

对于有众多加盟店或连锁店的餐饮企业来说，实现烹饪环节的统一和保证菜品的稳定性是十分重要的。利用互联网技术，及时将更新的菜品传递到各个门店；利用电子视频的方式向各个门店传授新的菜品制作方法和经验等，实现烹饪技术的现代化和精细化，同时节省了人力资源成本，实现在经营的全过程上提高效率，进而降低成本。

（四）互联网平台的运用，可降低扩张成本

传统的企业扩张方法是通过增加门店数量扩大宣传进而实现门店的扩张，而互联网的出现，为餐饮企业提供了一个更加便捷的方法。一方面，通过网络宣传将餐厅的经营模式宣传出去，或通过第三方外卖或团购平台，间接向消费者及潜在餐饮业从业者吸纳上来；另一方面，通过开展线上业务，比实体连锁加盟店更加便于服务线上消费的顾客。相比传统的企业扩张途径，利用互联网平台实现企业扩张，更能提高经济效益，可降企业低扩张的成本。

（五）网站的建设运用，可降低广告成本

餐饮企业可以建设自己的网站，借此突出企业的文化特色，提高餐厅的整体品位。让消费者通过网络即可对餐厅产生第一印象的好感，达到餐厅宣传的效果，而这种宣传方式大大降低了传统广告的成本，同时提高了口口相传的广告效率。

（六）实现行业联盟，利用规模效应降低成本

由于客户资源的固定化，导致市场同分一块蛋糕，因此同行之间绝对的竞争关系直是传统餐饮企业的经营模式。而在"互联网+"的大背景下，餐饮企业可以携手联合，互通有无，组成集团公司，甚至是连锁餐饮集团，将单个企业的产能集中到餐饮业链中的某一环，各自发挥优势，将绝对竞争改为合作共赢，共享资源，共享消费者客户，产生规模效应，提升企业竞争力。

（七）实现跨界合作，利用产业链降低成本

"互联网+"要求企业不拘泥于餐饮业，可充分动员餐饮业的相关产业联合发展，比如文化旅游业、娱乐业、资本投资业等，在保证餐饮业的根本业务的前提下，适当拓展企业的经营范围，疏通上下产业链，尽可能降低一切隐性成本。

第二章
餐饮成本控制的基础工作

引言

　　成本控制的实施依赖于成本管理的基础工作，没有可靠的成本信息作为依据，实现成本控制的目标只会成为一句空话。要提高企业成本信息的可靠性，企业必须建立和健全成本控制基础工作。

第一节　优化成本控制环境

　　无论是哪一个企业的经营都需要通过环境来实现，企业的环境包括外部环境和内部环境，而成本控制不仅涉及外部环境，同时也与内部环境息息相关，因此优化成本控制环境对于成本费用十分重要。

　　比如，企业的组织机构设置不合理，管理层级多，管理部门多，就难以保证成本控制信息与制度落实；企业的成本控制基准未制定，各部门对成本控制的理解不统一，就会导致成本控制难以顺利实施。

一、调整组织机构并明确职责权限

　　组织的作用就是把现有的人、财、物整合从而以最优的形态完成或实现组织的目标。在组织架构不紧凑的情况下，会很大程度降低组织的盈利能力、周转能力以及持续发展能力，进而导致企业经营管理成本始终居高不下。

　　对此，餐饮企业可以根据自身情况，减少下设部门数量，减少管理层级，采用扁平化管理，将企业原各部门对加盟（直营）门店的职能定位为服务属性，以此降低企业经营管理成本。

【实战范本2-01】▶▶▶

××餐饮企业组织机构精简前后对比

××餐饮公司是一家集研发、推广、经营及其衍生项目为一体的专业化餐饮连锁企业。成立于2009年，成立之初该公司的组织架构如下图所示。

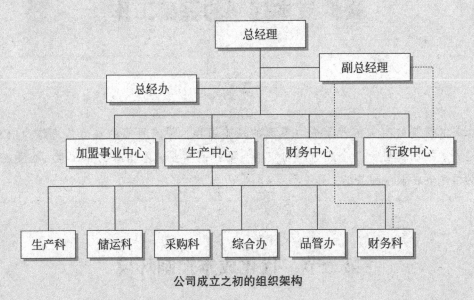

公司成立之初的组织架构

各部门的主要职能如下。

（1）总经办。根据公司发展战略和经营目标，建立企业统一形象，梳理并明确公司品牌战略，树立企业良好外部公众形象，制定公司的法规和年度经营目标，建立健全公司管理组织架构，为公司经理的日常工作提供支持。

（2）加盟事业中心。主要负责发展加盟商，为加盟商提供物流、运营、财务、技术与员工培训等支持，综合协调旗下门店加盟管理相关事务。

（3）生产中心。直接对总经理负责，统筹原料采购、物流仓储、食材配料的初级加工、门店运营、菜品及服务检验等具体经营管理事务。下设生产科，主要负责菜品研发与食材加工制作；储运科，主要负责食品及生产经营物资的管理调度；采购科，主要负责原材料、工作器材等菜品制作物资的订购；综合办，主要负责生产中心的日常行政事务，汇总各级生产经营情况，分析市场走向，组织策划促销活动；品管办，负责检查公司制度落实情况，抽检各门店菜品及服务质量，协调处理顾客投诉问题；财务科，负责为生产中心提供财务支持。

（4）财务中心。对分管副总经理负责，汇总分店财务数据，定期申报纳税，对各分店财务数据进行分析，总结财务数据变化，为总经办提供决策依据，直接领导财务科的日常业务。

（5）行政中心。对分管副总经理负责，组织公司人员招聘培训及日常管理，公司品牌宣传，企业文化建设，处理公司领导安排的临时性工作。

从以上组织架构及部门职能来看，××餐饮公司总部与各个门店之间下面没有设置运营管理中心，导致各个门店的管理直接对接公司的各项职能部门，职责权限不明确；同时，在生产中心下设财务科，导致财务科存在多头领导，对于数据把控不能做到严密高效。

对此，经公司领导讨论，决定精简公司组织架构，调整职能权限，优化成本控制的环境。

具体方案如下。

（1）取消总经办，依托行政中心整合经理助理，灵活设置行政人员岗位，提高行政运转效率。

（2）取消加盟事业中心，将企业门店拓展这一核心业务直接改由总经理与副总经理承办。

（3）取消生产中心下设的财务科，将财务科分散到生产中心、行政中心与各加盟店提供财务支持，划归财务中心统一管理，实现成本费用控制的集中归口监管。

（4）对职能相近的采购科与储运科进行合并，将物资采购、仓储管理、物料领用等职能集中，落实原材料管理责任，便于企业管理者从进货到物资配送的全流程成本费用控制监督。

改后组织架构及管理脉络如下图所示。

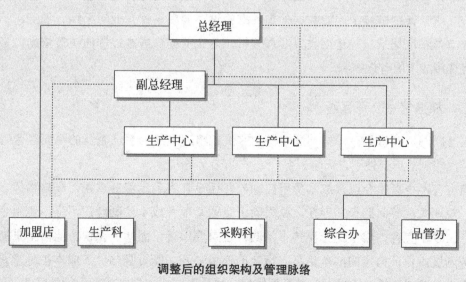

调整后的组织架构及管理脉络
——管理线；……支持线

调整后，各部门及领导职能权限更明确。

（1）总经理直接管理财务与行政部门，负责成本控制的决策，负责各门店及各部门负责人的沟通协调，负责组织管理、企业运营的管理。

（2）企业副总经理改为负责生产中心与加盟店的日常工作，主抓生产经营，在成本费用控制中由决策者转变为管理监督者，保障成本控制制度的强力落实，保证物资采购、保管领用、菜品制作等直接成本处于合理可控范围，提高工作效率，减少人员和物料开支，达到降低运营成本，提高利润的目的。

（3）财务中心牵头制定企业成本费用控制规划，落实成本费用控制制度，进行成本费用控制检查，并直接向总经理做汇报分析。

（4）行政中心向总经理和副总经理提供业务支持，改为向总经理直接汇报，并且接管原生产中心下设的综合办与品管办，全面负责企业网络运营维护的相关工作，实现对加盟门店的业务支持与检查监督。

二、严格数据登记统计

严格来说，餐饮企业存在服务业与工业的双重特性。一方面，餐饮企业是为人们提供服务产品，如就餐环境、餐饮文化体验等；另一方面，餐饮企业也具有采购、加工、生产、销售的环节。因此，除了科学测算控制期间费用外，如何控制好原料的采购、领用、加工等成本，将是减少企业开支的一个重要出口。

对于直接成本的计算分析，最为简单有效的方法就是进行账目登（统）计，而开展账目登（统）计则依赖于原始数据采集的准确性，要求餐饮企业对采购、加工、销售的每个环节都精准记录，并定期收集汇总分析，为企业提供成本控制的决策依据，必然能够实现直接成本的有效控制。

三、加强信息公开互通

在互联网运营背景下，低利润率、大客流量将逐步成为餐饮企业的主要经营管理模式，成本控制的重要性不言而喻。

但也有不少餐饮企业，成本费用控制显然还没有得到足够的重视，概略估算、简单控制、短期关注等问题长期存在，原因除了企业管理者成本控制意识不强，可用手段不多外，制度不完善、成本信息流转不畅同样是重要因素。因此，餐饮企业需要贯彻严谨的财务制度，保证指定的成本信息向指定的人员公开，既可强化员工成本控制意识，也可落实成本控制责任，让成本信息不再模糊，也让影响成本控制的行为无处隐藏。

对此，餐饮企业可以采取图2-1所示的措施来加强信息公开互通。

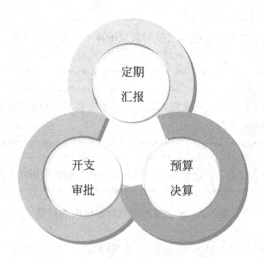

图2-1　加强信息公开互通的措施

（一）定期汇报

各部门定期向直属上级汇报本业务系统的开支情况，注明具体开支部门或人员。

比如，行政中心向总经理汇报管理招聘开支、营销活动开支、店面水电杂支、企业突发性支出；生产中心向副总经理汇报采购支出、物料消耗、后厨日常消耗开支等；财务中心将各部门开支数据汇总，形成分析报告，对超标准、超范围开支提出改进建议，反馈各部门，形成成本信息流通的正向循环。

（二）开支审批

制作经费支出、物料领用审批单，由经办人向所在部门领导汇报审批，严格按照审批数额开支，并将审批单作为原始凭证入账，接受财务中心监管。

（三）预算决算

依据生产经营实际，由财务中心制作年度或季度经费开支预算，预算信息向各部门公布，由各部门制作业务系统的分项预算，将预算信息反馈回财务中心，严格控制超预算开支，保证经费与物料处于动态可控状态。

每个自然年年底进行经费开支决算汇总，对年度财务预算执行情况进行分析，向企业管理者提出整改建议。

四、执行标准成本控制

对于餐饮企业来说，有了合理的组织架构、严格登统计管理与信息公开制度，还需要建立各种费用开支的依据，建立成本控制标准，实行标准成本法。

（一）建立成本控制标准的好处

对于餐饮企业来说，建立成本费用控制标准具有图2-2所示的好处。

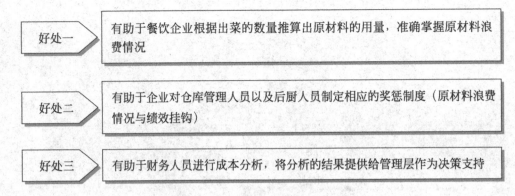

图2-2   建立成本费用控制标准的好处

有助于餐饮企业根据出菜的数量推算出原材料的用量；准确掌握原材料浪费情况有助于企业对仓库管理人员以及后厨人员制定相应的奖惩制度（原材料浪费情况与绩效挂钩）；有助于财务人员进行成本分析，将分析的结果提供给管理层作为决策支持。

（二）制定成本控制标准的步骤

餐饮企业可按图2-3所示的步骤来制定成本控制标准。

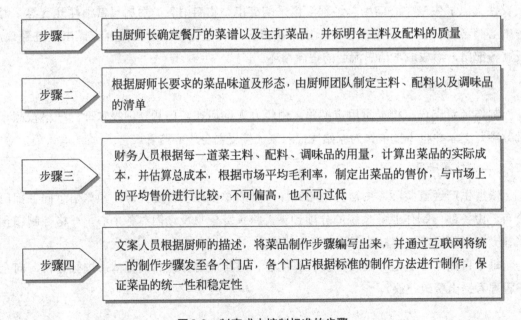

图2-3   制定成本控制标准的步骤

对于餐饮企业来说，在成本管理上如果没有形成一个控制标准，就很难形成对未来一段时间经营的预算，这对于成本的控制是有缺失的。

（三）财务部门在标准成本管理中应做的工作。

财务部门在标准成本管理中应做的工作如图2-4所示。

工作一	财务人员应定期审查库存验收的相关单据，以及出库领用单据，检查单据的审批手续是否完整，签字是否完全
工作二	财务人员根据菜品清单，核算出每道菜品的标准成本
工作三	财务人员根据后厨对菜品的调整及时更新菜品标准成本，并重新核算标准成本
工作四	成本控制人员要不定期地对标准成本执行情况进行检查
工作五	成本控制人员每月用计算机统计每一品种菜肴销售的数量及金额（分大类）
工作六	财务人员根据实际产生的成本与标准成本进行比较，分析差异产生的原因，并制定出解决办法

图2-4　财务部门在标准成本管理中应做的工作

（四）后厨在标准成本管理中应做的工作

后厨在标准成本管理中应做的工作如图2-5所示。

工作一	后厨根据财务部门出具的食谱配料清单表，填写各主料、配料以及调味料的名称、数量及单位
工作二	厨房生产人员负责在标准食谱上填写用料名称、用料数量、用料单位
工作三	填写菜肴的名称、制作程序、建议菜肴的售价
工作四	注明菜肴盛放的器具（大、中、小）
工作五	鲜活食品材料的出净率
工作六	食品菜肴的使用期间（更换时间）
工作七	不定期检查实际配料和标准配料是否相符
工作八	厨师长要督导相关人员积极配合

图2-5　后厨在标准成本管理中应做的工作

第二节　构建成本控制信息系统

信息就如企业的神经，只有健全整个信息网络，企业才有生命力，也才能充满活力。传统条件下，餐饮企业成本控制主要通过报表登记、数据汇总分析进行，但在互联网背景下，传统的数据采集、加权汇总甚至是数据分析等工作都可以通过互联网的信息系统解决，有效借助信息化进行成本控制。

一、建立成本费用控制信息系统

建立成本费用控制信息系统是降低企业成本的方法之一。随着互联网餐饮的快速发展，企业将越来越重视成本数据分析和经费投向预测工作，需要在继续开发与完善会计软件基础上，建立起完备的会计管理信息系统，从而实现会计成本费用控制的现代化。

对于小型餐饮企业来说，如果不具备大型餐饮企业的财力、人力与物力，在建立成本费用控制信息系统时，不仅要考虑高效，也需要考虑经费问题，在保证较低的系统建设费用的前提下，最大限度建设有效的信息系统。具体措施如图2-6所示。

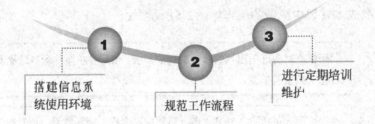

图2-6　建立成本费用控制信息系统的措施

（一）搭建信息系统使用环境

餐饮企业可以通过付费购买的方式，引进金蝶、浪潮或用友中的任何一款会计云软件，同步为各门店收银员、财务人员、库房管理员、厨师长等配备计算机终端，区分管理层级，下发系统管理员账号，保证一线岗位的数据能够及时提报。

（二）规范工作流程

餐饮企业应明确规定，区分每日、每周、每月、每季度、每半年、每年等不同频率，明确财务、库管、后厨、门店需要使用会计云软件上报的具体数据，并由财会人员利用其进、销、存系统，汇总并梳理企业成本的控制数据信息，同时利用Excel报表将成本费用支出情况简化、细化，将数据和报表反馈给企业管理者，由企业管理者指导财务部门进行成本费用控制。

（三）进行定期培训维护

在企业已构建应用成本控制信息系统后，由财务部门定期对所属门店和同级部门进行操作使用培训，并听取门店与同级部门反馈的意见和建议，及时调整并修正，进一步完善系统数据的呈现内容与样式，提高企业成本费用管理的直观性、针对性。

 相关链接〈·····································

好用的会计管理信息系统

1. 金蝶公司出品的精斗云云会计信息系统

此系统能够在保障日常会计业务处理的情况下，通过智能会计平台对分项业务账册与总账的集成，建立数据关联，系统根据账簿的核算规则自动转换/取数，完成不同部门提交的业务单据在不同账簿下的核算工作，实现成本数据的高效一体化呈现。

2. 浪潮云会计信息系统

此系统能够对原料的采购、销售、库存自动生成明细表、跟踪表、调拨记录、库存预警信息等，并依据上述原始数据核算企业成本，形成采购和销售一览表，帮助管理者准确掌握企业生产经营情况。

3. 用友NC会计信息系统

支持预算编制以及执行异常情况或重要情况的警示，实时开支计划多版本管理，特别是对间接费用的计划分配，以便对成本进行比较分析。能够在线审批每笔经费开支，自动汇总入账，保证财务管理信息流的完整闭合。具备资金库存实时关联查找，比对采购领用计划执行情况，推动财务精细化管理实施。

4. Excel报表

再复杂的信息系统，如果不会使用或者不能推广到基层末端也无法发挥作用，如出现此类情况，要求各级直接使用Excel也不失为一种折中选择，只要财务部门报表设计合理，同样能够实现信息化、可视化的成本费用控制。

二、实行会计数据标准化

实行标准化的会计数据体系建设，既是企业运用信息系统进行财会管理的基础，也是企业构建信息化成本费用控制手段的方式。对餐饮企业来说，做好会计数据标准化，意义在于消除因格式不规范造成的信息系统数据统计确实失真，导致管理者决策失误。因此，需要在原始会计数据录入、会计数据信息审核、成本费用控制数据输出上着手建设。

（一）原始会计数据录入

在确定使用的信息系统后，组织企业各部门的管理及财务人员进行培训，区分餐厅常见业务与非常见业务，对常见业务产生的数据统一表述方式，明确录入界面，确定标准格式，由各部门具体经办人员操作录入，保证财务数据的"原汁原味"；对非常见的业务，由财务人员录入，并协调业务部门确认数据的表述是否符合实际。

（二）会计数据信息审核

依据会计信息系统自动汇总的报表资料，结合财务中心收集的原始凭证进行对比分析，对发现的支出异常及时向经办人进行核对，如确实为经办人超出成本控制标准开展工作，应立即核准，并向上级主管领导汇报处置；如经办人仍在成本控制标准内开展工作，应校准数据差错，保证系统内数据正确性。

（三）成本费用控制数据输出

《企业会计信息化工作规范》（财政部，财会〔2013〕20号）要求"会计软件应当具有符合国家统一标准的数据接口，满足外部会计监督需要。"企业在选择和应用信息系统时，一定要遵循会计软件数据接口的国家标准《信息技术会计核算软件数据接口规范》（GB/T 19581—2004）。实现内嵌式XBRL数据输出，满足企业内部"定制化"的管理需求、会计监督以及其他潜在需求。

三、拓宽客户网络付款手段

网络支付是近几年兴起的一种全新的支付方式，消费者可以不用携带现金、银行卡，仅通过一部手机就可完成支付。餐饮企业可在门店引进网络收款终端，鼓励顾客使用微信、支付宝、美团等网络平台付款，同样有利于成本费用控制的信息化建设。其操作步骤如图2-7所示。网络支付的应用场景如图2-8所示。

步骤一	使用统一的网络收银终端和数据标准格式，实现收款时间、对应账目、购买产品等信息的自动记录与导入，同步对接引入微信、支付宝、ApplePay等网络付款软件平台，自动导入消费者在自家店铺的消费数据，降低收银环节的成本数据信息采集成本
步骤二	利用会计云软件，实现网络付款数据导入的自动加权汇总，有效降低各门店对收款账目的核算校对成本，保证经营数据直接对接录入会计信息系统，减少人工复核或者失误引起的成本核算开销
步骤三	统计消费者来源，明确各网络平台对消费者引流到店、消费金额、产品购买频率、对服务和产品的关注点等的量化数据，为下一步资金投向提供参考依据，实现通过资金精准定向投放，进一步提高成本控制效率

| 步骤四 | 为各门店统一规范唯一的收款账户信息，由财务人员集中管理，进一步分析各门店成本费用控制现状，保证提高依托信息系统的企业成本费用控制效益 |

图2-7　网络支付操作步骤

图2-8　网络支付的应用场景

第三节　推行全员全过程成本目标管理

全员成本目标管理是一项全员参与、全过程控制的目标管理体系，是一种管理理念，更是一套管理方法，推进全员成本目标管理是一项持久性、系统性的工作，需要企业各部门以目标为导向，全员参与、全过程控制，积极配合，使之发挥管理实效。

一、全员成本目标管理

（一）全员成本目标管理的特点

全员成本目标管理，就是通过全员参与制定成本目标、全过程控制成本目标、全方位管理成本目标，形成一整套面向全业务、覆盖全要素、贯穿全过程的成本控制措施。具有图2-9所示的特点。

特点一 > 全员、全过程、全方位

全员成本目标管理是全员参与、以成本目标为导向、对生产经营全过程实施全方位控制与优化的一整套成本控制方案，它要求从每个经营活动的开始就体现成本管理、优化资源配置、提高每项支出性价比的控制理念，直至整个经营活动的全过程

特点二 > 源头控制，过程控制

全员成本目标管理是强化了从"头"开始的过程控制，要实现以操作控制指标来保证经济技术指标的完成，以保证财务指标的完成

特点三 > 动态指标，持续优化

全员成本目标管理强调了"建标、对标、追标、创标"，要求在各个环节开展"比、学、赶、帮、超"活动。"标"是动态的，体现"没有最好，只有更好"的工作理念。没有标准的要建立标准，有标准的要达到更高的标准，应使整个成本管理工作都处在不断改进、提升的过程中

特点四 > 目标管理，持之以恒

只要企业经营，成本目标管理就始终处在不断优化的过程中。在这个过程中需要持续推进和完善管理机制，总结在优化管理和"建标、对标、追标、创标"中好的、成熟的经验，不断提升成本控制管理能力

图2-9 全员成本目标管理的特点

（二）推行全员成本目标管理的关键

持续推进全员目标成本管理，强化全体员工参与成本管理和控制的意识，形成成本控制的长效机制，是企业实现降本增效的关键抓手，是提高企业核心竞争力的驱动因素。而企业推行全员成本目标管理的关键主要体现在图2-10所示的几个环节。

关键一 > 领导重视，全面认识

成本费用控制是一项系统工程，需要各部门密切配合，得到高层领导的支持是非常重要的。而企业的日常事务是由广大员工来执行的，他们会直接或间接地影响成本费用水平。因此，要加强宣传，使成本费用理念深入人心，让每一个员工都知道，他们的行为也会对公司的成本造成影响

关键二   完善指标体系，实现动态更新

建立完善、动态更新的指标体系是开展全员目标管理的难点。与全面预算管理相比，各层次成本单元的指标体系组成更为细化，控制点继续向基层延伸，将操作控制指标与经济技术指标挂钩，经济技术指标与成本费用指标关联，形成源头有指标，过程有跟踪控制，目标值在不断提升的动态循环机制，使成本管理得到持续改进

关键三   及时有效的信息反馈

建立及时有效的信息反馈机制，使全员成本目标管理的过程控制落到实处，实现实时跟踪，及时发现问题并反馈给责任人进行改进，把握住过程中的各个关键点。利用信息化手段，将目标成本管理和企业生产、经营、销售各环节都连接起来，各种数据都能够在同一个平台进行交流、传递和使用，各种指标的联动性程序化、表格化，过程控制和结果的考核自动化，形成闭环上升的运行轨迹，以满足建标、追标，持续改进的要求，也为成本管理考核评奖提供依据

关键四   严格考核，促进有效运行

企业必须有科学、合理的考核监督机制，使管理模式形成闭环而达到"上升"运行

关键五   夯实基础工作

各项指标参数的准确、可靠获得非常重要，它关系着全员成本目标管理是否能够取得实效。完备计量设备、规范统计计量方法应该是做好此项工作首先要考虑的一项基础工作，以保证各项指标的真实、可靠

图2-10　全员成本目标管理的关键

（三）推行全员成本目标管理的措施

对于餐饮企业来说，可采取图2-11所示的措施来推行全员成本目标管理。

措施一   加强对员工的思想宣传及业务培训

通过对员工不断进行成本意识方面的教育来强化全员厉行节约的内在动力，向员工宣传贯彻企业的成本控制理念，积极倡导成本是企业的核心竞争力，提高员工的主人翁意识，从上至下，由管理阶层做起，形成良好的节约成本意识

图2-11

措施二　建立相应的奖惩机制，强化员工意识

> 建立激励机制，通过设置与成本费用控制相关的奖励及惩罚机制来激发员工的成本控制的热情。采用成本评估系统来测评员工在工作中节约的成本费用，并根据节约的成本费用的金额比例来相应给予奖励；同时也可根据浪费的情况，给予一定的惩罚措施，使员工充分认识到成本控制的重要性，并主动控制成本费用

措施三　设立以成本控制为导向的企业文化

> 通过企业文化向员工传递节约成本与提高利润的观念。将降低成本的工作从财务中心扩展到企业的采购、验收、仓储、后厨、服务等各部门的每个成员，激励企业上下共同树立成本控制的意识，形成"人人节约"的企业文化氛围

图2-11　推行全员成本目标管理的措施

二、实施全过程成本控制

成本控制方法根据经营性质和经营规模不同而不同，但是各种不同方法背后的原理是一致的，即对所有影响成本的因素进行有效控制，防止食品、饮料和人工成本增加，确保企业在营利的情况下经营。餐饮企业成本控制是围绕餐饮生产环节展开的，按照生产经营顺序，分为以下几个控制环节，如图2-12所示。

1　采购控制

> 采购部门负责餐饮企业所需要的所有原料，采购首先应遵循"以尽可能低的价格获得尽可能好的原料"的原则。目前，许多原料以成品或半成品方式出现，乍一看，这些原料价格高于那些未经过加工的原料价格，如果采购这样的成品或半成品原料，可能会增加原料费用支出，但却可以减少人工费用支出。采购要遵循的第二条原则是要保证供给。采购不及时，不但会影响餐厅经营，而且会增加其他消耗成本，因为应对餐厅生产急需而紧急采购的原料价格会较高，而且质量无法保证

2　验收控制

> 验收的主要目的是为了确保企业采购的餐饮原料数量、质量、价格都符合企业生产的需要。为此，验收工作应围绕原料数量、质量、价格三个方面展开

3　仓储控制

> 海底捞加盟企业提醒仓储的主要功能是保持原料质量不变。各种原料分门别类、排列有序地存放是仓储控制的基本要求，为的是便于原料的查找、补充和分发，同时，也是为了原料在保存期内的质量不受影响

4	领、发料控制	从仓库里领出去的原料不管到达哪里，都要有原料转移记录。没有适当的发料控制，就无法确定原料消耗成本
5	菜单计划控制	菜单是食品从原料到成品加工过程的反映，也是成本构成的反映。由于有许多可变因素直接影响食品成本，而菜单价格计划要随食品原料成本的变动而及时调整，这就使控制菜单计划成为控制成本的重要手段，要想控制餐饮成本，必须做到严格控制菜单价格的制定
6	食品生产控制	食品生产控制，是指餐厅要有足够的设备、设施及生产控制程序，保证餐饮的食品生产以最有效的方式进行。可根据餐厅类型及经营和管理需要安排合理的食品生产流程，使食品生产的数量符合顾客需要。此外，充分利用所有食品原料也是降低餐饮成本的重要措施
7	服务控制	对服务控制的内容：一是检查是否为顾客提供了优质服务；二是检查服务状况是否做了记录并进入保存程序。服务控制必须设置专门控制体系，这种体系可以做到两者兼顾
8	销售预测控制	销售的任务是设法增加销售量，并预测销售趋势，为食品生产提供依据。小火锅加盟企业提醒控制销售预测是为了防止盲目生产，减少因超越顾客需要而大量生产带来的浪费，以降低餐厅经营成本

图 2-12 餐饮企业成本控制的环节

第三章
餐饮采购环节的成本控制

引言

采购成本影响餐饮产品利润：菜品利润表现在销售价格上，但隐含在采购中。采购价格的差异表现在地区差价、产销差价、批零差价、季节差价等，还受采购方式和采购数量的影响。采购数量影响流动资金的周转：资金的周转期越短，流动速度越快，获利能力就越大。现金支付货款，造成积压和库存过大，影响资金周转。

第一节　餐饮企业采购成本控制的基础工作

目前餐饮企业基本是由运用部门请求，采购部门负责采购。这种分工合作有其长处，但也存在一定的弊端，其突出表现是，运用部门往往强调材料质量而忽视对价格的控制，致使成本上升。为改变这种局面，应设置严格规范的采购制度和监督机制，控制采购成本。

一、建立原材料采购计划和审批流程

厨师长或厨房部的负责人每天晚上，保管人员每周或每半月，定期根据本企业的经营收支、物质储备情况确定物资采购量，并填制采购单报送采购计划员。采购计划员根据采购需求，结合采购计划制定采购订单，并报送采购总经理批准后，方可向供应商下订单。

如图3-1所示为某知名连锁餐厅的采购计划审批流程。

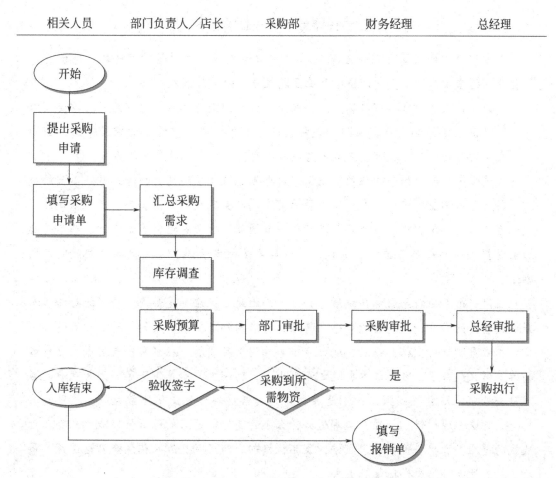

图3-1　某知名连锁餐厅的采购计划审批流程

所有支付申请单必须附上凭证，必须有各个经办人签字。未按照以上程序操作，
公司不得付款，如有任何问题或责任，由当事人全部承担责任

二、建立严格的采购询价报价体系

采购部建立专门的市场信息员，定期对日常消耗的原料、辅料进行广泛的市场价格咨询。坚持货比三家的原则，对物资采购的报价进行分析反馈，发现差异并及时督促纠正。对于每天运用的蔬菜、肉、禽、蛋、水果等原材料，采购员根据市场行情每周或半个月公开报价一次，并召开定价例会，定价人员由运用部门负责人、采购员、物价员、库管人员组成，对供应商所提供物品的质量和价格两方面进行公开、公平的选择。

 案例 〈

多途径调查，源头上降成本

东方广场中的西蜀豆花庄经理赵××积极运用现代的科学管理手段，即使是在美食林立的东方广场中，也闯出了西蜀豆花庄自己的一片天空。

西蜀豆花庄在北京共有四家分店，四家分店之间进行比较，每家店每月都会要求一个整体的成本控制指标，实现一定比例的毛利率。东方广场是北京繁华的商业中心，在这里开设门店，真可谓是机会与挑战并存，需要非凡的经营能力。

在经营中发现，如今的餐饮市场上，再也不能仅靠单纯的打折降价就可以节约成本，因为大家都在打折，这个竞争手段的意义本身也已经大打折扣了。西蜀豆花庄的赵经理认为，只有在日常的经营中抓好每一个细节，把成本控制落到实处，而不是最后看月报表来判断是否进行成本控制，这样才是细水长流，才是提高利润最有效的办法。

任何一个成功的企业都会视质量如生命，西蜀豆花庄更是如此。为了能够给客人提供最精美的菜肴，最鲜香的口感，其原材料采购都是挑最优质的，特别是海鲜、干货之类贵重的材料，稍有差池，就会直接影响到菜品质量。在经营中却发现，这样做品牌是树立起来了，可是成本也随之涨上去了，利润则肯定是下降了。因为竞争的激烈让企业不敢随意提高菜价，但是原材料的价格确实起伏变化非常大的，特别是海鲜、干货这些原材料，如果产地那边有什么小的变动，最后的进货价可能都会有几十块钱的差距。原材料价格涨了数倍，菜品价格却不能提高，客人仍然会点这道菜，最后，咬着牙也得照原样把菜端上去。

通过长期的经营实践，赵经理观察到，原材料价格时涨时跌，可为什么涨价的时候忽然一下就能涨很多，跌的时候却缓慢平稳再也回不到原来的价格了呢？他意识到一定要去市场考察价格，了解原材料价格涨跌的真实情况。有了这种想法，赵经理每周都会派人去市场实地考察，了解市场上的真实情况，在保证原材料质量的基础上控制价格，避免了因供货商报涨不报跌而带来的成本损失。随着对市场采购价格的逐渐重视，后来赵经理又意识到每周派人去市场考察价格仍然只能起到一部分作用，毕竟是一周去一次，不是每天去了解，而有的原材料采购价格却是每天都在起伏变化的，像蔬菜等，看起来只有几角钱的变化，可是日积月累，也是一个不小的数字，如果能够每天了解价格，那就会对控制成本价格带来质的改变。后来他接触到了易餐网的产品，觉得专业机构报价虽然是个新事物，可是它带给餐饮业的帮助却是很多，是餐饮业从业者盼望很久的，西蜀豆花庄现在每天都会有专人上网看网上发布的最新价格信息，同时也会派人去市场考察，验证信息的准确性。通过几个月的实践，西蜀豆花庄的利润果然有了明显提高，这便是采购前通过多种途径，做足调查，从采购源头上节省的好处。

三、建立严格的采购验货制度

库管员对物资采购实际执行过程中的数量、质量、标准、计划以及报价，通过严格的验收制度进行把关。对于不需要的超量进货、质量低劣、规格不符及未经批准采购的物品有权拒收，对于价格和数量与采购单上不一致的及时进行纠正，验货结束后库管员要填制验收凭证。

【实战范本3-01】▶▶

餐饮采购物品入库验收规定

（1）物品采购回来后，非急需物品必须先行办理入库手续，由库管员首先验货，合格的物品，属于库房常备物品，办理入库手续；不符合要求的当即退回，并限时补充。属于部门专用物品，由库管员通知部门经理到库房验货。急需物品由采购员直接通知申购部门验货领取，先由领用人填写验收领取收条，采购员及时到库房办理入库手续，使用部门及时办理出库手续。

（2）由库管员记录通知日期、时间、电话接听人，部门经理没有时间的，由部门经理书面授权副经理或其他专业人员到库房验货，验货人员必须在半小时之内到库房验货。

（3）库管员负责物品名称、数量、规格等并做好登记，申购部门经理或授权验货人员负责物品质量，当场验货合格的在登记本上签字，不合格物品也要在登记本上签署不合格原因，提出建议，比如全部退货、拣选合格的入库使用或降价处理使用等。对于不能使用的物品不准办理入库手续，要求供货商或者采购员进行补充或者退换。

（4）自库管员电话通知部门验货起半小时仍不到场的，库管员视为默认物品合格并入库使用，在记录本上注明"已通知验货人员，未到场验货"，以后出现质量问题，由申购部门承担责任。对于验货员一时不能确定是否合格的，可以请示相关领导，但必须在一个工作日之内完成，超过时限库管员视为合格入库。对于验货合格的或默认合格的物品，在使用中出现问题由使用部门负责（当时无法确认的除外，如干货需要涨发后才能确认优劣的）。

（5）验货的标准：订购的大宗物品，有约定验货标准的，按照标准验货；没有约定标准的，按照公司使用要求进行验货。部门申购的物品按照申购单注明的规格和质量或样品进行验货，申购单没有注明或没有样品的，视为普遍使用标准，使用部门不准以此为由要求退还，若因此要求退换的，由申购部门负责承担采购费用，每次20元。

（6）验货后的领取：属于部门申购的，验货合格后必须在一个工作日之内领取，库房不再另行通知，逾期不领取的按照10元/（件·天）记录物品滞留费和库房占用费。

四、建立严格的报损报失制度

餐饮企业针对轻易变质、变坏的海鲜、果蔬等物资应制定严格的报损报失制度。报损由部门主管上报财务库管，按品名、规格、质量填写报损单，报损品种需由采购部经理鉴定分析后，签字报损。报损单汇总后每天报送财务经理，对于超过规定报损率的要说明原因。

【实战范本3-02】▶▶

酒楼物资报损制度

为了加强酒楼对物资的统一管理和维护酒楼的利益，现对各部门报废、报损物品管理及降低物资报损管理做出如下规定。

一、原材料及物料途中损耗的管理

（1）途中损耗原材料及物料在购进和其他因素而造成的损耗责任，属供货单位因包装不符合规定而造成破损或数量不足的，应向供货单位追索损失，在供货单位未偿付损失金额前，所损耗原材料不能进入库存管理。

（2）自然损耗物品：物品在运输途中所发生的损耗，如鲜活商品、易碎物品等经核定非人为造成的损耗，在验收时应向供货单位追偿损失。

（3）人为损耗：原材料在运输途中，由于装卸不负责任，造成破损或丢失所产生的损耗，应查明原因，根据当时的实际情况，由经办人员负经济责任或部门负经济责任。

二、物品残损、霉坏的管理

各种物品出现残损霉变，需要销价处理或报损、报废，必须填制"报损申请单"，严格审查原因，经有关领导审批处理。

报损、报废的规定：原材料发生霉坏、变质，失去使用价值，需要做报损、报废处理时，由保管人员填写"报损申请单"，据实说明变坏原因，并经业务部门审查提

出处理意见，报部门经理、财务部审批。对核实并获准报损、报废的商品、原材料的残骸，由报废部门送交房务部进行集中清理。仓库管理员在日常仓库上班过程中，由于缺乏专业知识、操作技能及工作责任心造成原材料的霉坏、变质，将追究仓库管理员个人责任，要求赔偿。

三、报损物资处理及降低物资报损的管理

1. 物品类

（1）酒楼所有的报损设备、家具、软片、各种残损品的处理，全部统一由财务部负责。

（2）各部门破损的设备、家具、软片等，本着修旧的原则，由各部门统一放在工程部指定的位置内，由工程部负责维修。如经过鉴定不能维修的，由财务部统一处理（有关部门配合）。

（3）保安部必须严格把关，绝不允许没有任何正当手续的人自行出门处理报损物品，任何个人不得私自处理残损品。

2. 食品类（仓库）

保管员对库中原材料要经常检查，本着"先进先出，定期翻垛"的原则，检查食品保质期，在保质期前两个月通知供货商调换食品，发现霉变、破损等情况时，及时填写"物资报损单"。具体管理规定如下。

（1）要随时记录并反映库存食品的报损数量、金额和原因，如实填写，字迹工整，不准用铅笔填写。

（2）成本控制部根据记录反映的报损食品情况进行实地检查，确定该食品是否属于报损的食品之列。

（3）报损表格一式三联，要有仓库领班、成本控制主管及财务经理签字批准，然后将"物资报损单"交由成控部备档。

（4）仓库应与厨房一起建立库存标准量，以便定时补仓，可随时与行政总厨、厨师长到库房协同检查食品库存情况及质量，以便做出调整或安排使用。对于库存时间过长的调料或食品，应及时向有关部门提出建议和意见，特别是对于厨师更换后调味的补货需更慎重，应及时将库存的信息反馈，以便能掌握库存情况，更好做出采购判断。

3. 食品类（后厨部）

厨房的报损是隐性报损，原材料的损坏不能轻易被发现，应加以控制，报损主要原因如下。

（1）原材料存放在冰库里，层层积压，极少清仓，导致里面货物积压过多、过久而变质变味，将追究餐饮部厨房责任。

（2）厨房调料过期变质，特别是在更换厨师后原采购的调味被闲置不用，而导致积压变质，将追究餐饮部厨房责任。

（3）贵重食品如干鲍、燕窝、鱼翅、辽参的调配、泡发或出品时因制作人员技术而发生变质的，将追究制作人员责任。厨房应提供干货泡发后的标准分量，以备检查。

（4）采购质量不过关，验收时未把好关，让低劣产品进入使用阶段，而导致失效、过期或变质、变味，将追究采购部责任。

对以上现象厨房应加强管理，定期清理冰库食品，做到先进、先出、先用；高档货品应专人保管和调制；严把验收关，不合格食品不允许进入；边角料充分利用，减少损坏率，财务部需加强此方面的监察力度。

五、加强采购计划和购货合同执行的控制

为保证物品采购和购货合同的有效执行，餐饮企业采购经理必须对执行过程进行控制。

（1）指定专业人员负责对计划的执行和购货全责的履行进行检查。

（2）设立物品计划执行控制台账，记录每种物品的采购计划、签约（合同）、交货履约和库存情况，如有条件可采用科学的酒店采购工作管理软件，将这些数据输入计算机，以备随时检查。

（3）定期检查与随时检查相结合，每月进行全面检查，对未按计划和合同的进度供货的货种，随时通知经办采购员督促供应单位按时交货，也可用挂牌方法把没有按计划执行，按合同供给的物品品种，用不同颜色牌子挂出，以便引起同事注意。

【实战范本3-03】▶▶▶

食材商品供应商合同管理办法

为保证采购食材商品的质量，降低采购成本，规范供应商管理，特制定本管理办法。

（1）供应部对食材商品供应商实行合同管理，经遴选符合公司要求的供应商应与公司签订书面合同。

（2）经营发生的经济业务，应使用公司统一制定印刷格式的合同。

（3）属购销性质合作的供应商（无论是现金采购还是期期结算的）应签订《采购合同》；联营、代销等供应商应签订《合作经营合同》。

（4）空白合同由行政部统一管理，领用要登记，采购员每人一本作为样本，以便供应商阅研，合同内容原则上不发电子版，确实需要的需采购经理同意。

（5）合作条件确定。

① 合同期限原则上不得超过一年，结算周期应争取月结。

②《采购合同》中价格确定方式：宜采用月初确定当月不调的方式；免费送货起点金额越低越好。

《合作经营合同》：酒水类供应商，应积极争取进场费（合同中的租金项目）；如供应商派人进场销售的，进场商品的保管责任由供应商承担。

③ 供应商对合同条款有异议的，或需要补充添加的，以补充条款（合同）形式确认，印制好的合同不再调整及涂改。

④ 与供应商就合同条款达成一致后，由经办人员填写"合同审批表"，连同拟采购商品清单（报价），报总经理或授权人员这审批。

⑤ 合同内容中的空格部分由公司指定人员按照"合同审批表"填写，复核无误后按规定用印，《合作经营合同》原件由财务部门存档，"合同审批表"作为合同副本使用，原件由行政部存档，复印一份留采购部。

（6）签订合同所需资料清单。

① 我方需向对方提供加盖公章的营业执照复印件和授权委托书。

② 对方需向我方提供营业执照、税务登记证、法人代表身份证、食品流通许可证、食品卫生许可证、生产经营许可证、经销商品的授权证明文件、认证商品的相关认证文件，如是进口商品需提供相关的商检证明文件（对上述材料要审验原件，留中盖公章的复印件），以及授权委托书、被委托人身份证复印件（如是法人代表签约的则不需要）。

【实战范本3-04】▶▶▶

食品原材料采购合同

采购方：＿＿＿＿＿＿＿＿＿＿＿＿＿＿（以下简称甲方）

供应方：＿＿＿＿＿＿＿＿＿＿＿＿＿＿（以下简称乙方）

双方本着平等协商原则，就乙方向甲方提供食品原材料相关事宜达成以下协议，双方必须共同遵守。

第一条：采购内容及履行期限

为保障甲方餐厅的正常运行，乙方按照协议规定向甲方提供粮油类、蔬菜类、水产类、猪牛羊肉类、禽蛋类、水果类、副食调料类等货物。该合同年度预算金额为＿＿元，自＿＿年＿＿月＿＿日～＿＿年＿＿月＿＿日履行。

第二条：批次订货与临时订货

1. 批次订货

甲方每＿＿（日/周/月）在"报价表"范围内向乙方订货一次，于＿＿时前以书面方式向乙方发出订货单，乙方收到订货单后＿＿时内由指定人员签字后以传真方式向甲方确认订货单。

2. 临时订货

甲方因临时需要，有权在批次订货时间以外临时向乙方订货，订货方式可以是书面方式，也可以是口头方式。如果是临时口头订货，乙方在送货时有权要求甲方以书面方式予以确认。

第三条：交货时间及地点

（1）批次订货以订货单为准，临时订货以通知为准。

（2）乙方保证按照约定时间将甲方所订的货物送至甲方指定地点。如果因送货地点错误、送货时间延误而造成甲方工作不便，乙方承担违约责任。

第四条：价格确定

（1）甲乙双方协商一致后可以对"报价表"中货物内容进行扩充和缩减。

（2）批次订货：乙方每日就"报价表"中所供货物的价格向甲方电话确认，该价格为当日×××批发市场牌价的价格乘以供货商承诺的下浮比率后的价格。以订货日确认的价格作为该批次订货的结算价格。

（3）临时订货：临时订货的货物如在甲方附近市场采购，按照实际零售价格结算，实际零售价格以乙方出具的采购发票上标明的价格为准；否则按照批次订货价格结算。

第五条：食品质量、卫生与安全

（1）乙方保证提供的货物及服务均符合《中华人民共和国食品卫生法》《餐饮业食品卫生管理办法》《餐饮业和集体用餐配送单位卫生规范》《×××市食品安全监督管理规定》等国家法律法规及地方政府有关规定。乙方对提供货物的质量、卫生、食品安全承担全部责任。乙方保证提供的货物均符合国家规定的质量、卫生、安全标准。乙方提供的货物属于实行生产许可证管理的，所供货物必须经过全国工业产品生产质量认证。

（2）乙方必须按照国家有关规定就所供货物向甲方提供以下索证资料。

① 鲜（冻）畜禽肉类及其制品生产商的卫生许可证和屠宰资质等有关证照，以及法定兽医检验部门出具的相同批次产品的卫生检验检疫合格证明。

② 进口货物，提供口岸食品检验检疫机构出具的相同批次产品的检验合格证明。

③ 食品添加剂，提供生产地省级卫生行政部门发放的食品添加剂生产卫生许可证，以及相同批次产品的检验合格证或者化验单；进口食品添加剂，必须符合我国《食品添加剂卫生管理办法》和《食品添加剂使用卫生标准》（GB 2760）的规定，提供口岸食品检验检疫机构出具的相同批次产品的检验合格证明。

④ 定型包装食品及食品原辅材料，提供生产商卫生许可证和有关证照，以及相同批次产品的检验合格证或者化验单。

⑤ 纳入许可管理的货物，提供采购货物的"全国工业产品生产许可证"，简称"QS"证；根据国质检执〔2007〕644号通知，28大类产品必须提供"全国工业产品生产许可证"，分类界定不清的产品，需要省级以上质量监督部门提供的免检证明，无证产品不予接受。

⑥ 提供产品在半年内由国家质量检测机构出具的"质量检验报告"，自检报告无效。

⑦ 其他货物合格证明资料：按照国家规定，个别产品生产企业（厂商）必须具备的其他生产资格证明文件；根据××市规定，个别产品在××销售必须具备的其他资格证明文件。

（3）禁止乙方向甲方提供以下食品及食品原辅材料（包括但不限于）。

① 腐败变质、油脂酸败、霉变、生虫、污秽不洁、混有异物或者其他感官性状异常，可能对人体健康有害的。

② 含有毒、有害物质或者被有毒、有害物质污染，可能对人体健康有害的。

③ 含有致病性寄生虫、微生物的，或者微生物毒素含量超过国家限定标准的。

④ 含有昆虫或其他异物的。

⑤ 未经兽医卫生检验或者检验不合格的肉类及其制品。

⑥ 病死、毒死或死因不明的禽、畜、兽、水产动物及其制品。

⑦ 容器包装污秽不洁、严重破损或运输工具不洁造成污染的。

⑧ 掺假、掺杂、伪造，影响营养、卫生的。

⑨ 用非食品原料加工的，加入非食品用化学物质或者将非食品当作食品的。

⑩ 超过保质期限的。

⑪ 为防病等特殊需要，国务院卫生行政部门或者省、自治区、直辖市人民政府专门规定禁止出售的。

⑫ 含有未经国务院卫生行政部门批准使用的添加剂的，或者农药残留超过国家规

定允许量的。

⑬ 擅自加入药物的食品及食品原料。

⑭ 未经卫生部批准的新资源食品。

⑮ 未经检验或检验不合格出厂的食品及食品原辅材料。

⑯ 未按规定索证的食品及食品原辅材料。

⑰ 无卫生许可证者生产的食品及食品原辅材料（初级农产品除外）。

⑱ 不符合国家卫生标准或者卫生管理办法的进口食品及食品原辅材料。

⑲ 其他不符合食品卫生标准和要求的食品及食品原辅材料。

（4）甲方在协议执行过程中的任何验收、接收、确认行为，均不免除乙方对货物及服务的质量、卫生、食品安全应承担的责任。

（5）凡甲方指定品牌/生产商/产地的货物，乙方必须保证货物的品牌/生产商/产地与甲方要求一致。甲方对货物的其他质量要求详见《供货和服务要求》。

第六条：包装要求

（1）采用定型包装的货物，包装必须符合国家对产品包装的有关规定。属于国质检执［2007］644号通知范围的28大类产品，产品包装上必须提供QS标识。包装上必须有明确的生产日期、保质期。

（2）非定型包装：为防止货物损坏和污染，乙方提供的非定型包装产品必须带有包装，甲方有权拒收未带包装的货物。

（3）除上述要求外，货物包装其他要求见《供货和服务要求》。

（4）甲方须妥善保管好乙方供货用的周转包装器具，如有缺失或损坏，甲方应照价赔偿。

第七条：货物的储藏

（1）乙方不对供应甲方的货物进行长时间储藏；所有提供给甲方的货物，在乙方仓库储藏时间不得超过24小时；乙方保证所有外购的货物自批发、采购地点运至甲方指定地点的时间不超过24小时。

（2）乙方向甲方保证具有对各类货物进行冷冻储藏或保鲜储藏的设施，所有储藏设施符合国家、行业标准和规范。

（3）乙方保证建立严格的仓库管理情况记录档案，详细记载进入、搬出货物的种类、数量和时间。

第八条：货物装运

（1）除甲方临时订货外，乙方所供货物必须使用厢式食品专用冷藏车辆运输，不得敞露运输。

（2）乙方尽量避免将肉类（水产品）、水果和蔬菜拼箱混装；如果采取拼箱混装方式运输，乙方必须采取措施保证不发生冻害、腐败、串味、脱水、变色、失去鲜度等问题。

（3）保证周转包装容器和运输车辆的清洁卫生和防止食品在运输过程中受到污染是乙方的责任。运输车辆应当保持清洁，无霉斑、鼠迹、苍蝇、蟑螂，不得存放有毒、有害物品及个人生活用品。周转包装容器和车辆在每次配送前应进行清洗消毒。

（4）对货物必须做到轻装轻卸。

（5）乙方负责将所有货物运至甲方指定地点，负责卸货并搬运至甲方指定堆放场地。

第九条：验收与检查

（1）乙方按照甲方订单将货物运至甲方指定地点后，甲方人员应及时对乙方货物进行验收，甲方不得无故拖延。

（2）交货验收标准详见《供货和服务要求》，交货验收程序如下。

① 甲乙双方人员核对订货单据。

② 乙方按照本协议第五条规定向甲方交验索证资料。

③ 运输车辆检查：车辆检查不合格的，甲方有权拒收该批次货物，做退货处理或乙方负责更换货物并承担延迟交货责任。

④ 货物包装检查：包装检查不合格的，甲方有权拒收包装不合格的货物，做退货处理或乙方负责更换货物并承担延迟交货责任。

⑤ 保质期检查：保质期检查不合格的，甲方有权拒收保质期不合格的货物，做退货处理或乙方负责更换货物并承担延迟交货责任。

⑥ 生鲜货物的外观检查：外观检查不合格的，甲方有权拒收本批次该类不合格货物，做退货处理或乙方负责更换货物并承担延迟交货责任。

⑦ 数量检查：数量短缺的，乙方必须按照订单补齐货物并承担延迟交货责任；送货数量超出订货数量的，超出部分甲方有权拒收，乙方自行将多余货物清运出甲方场所。

⑧ 货物验收合格后，甲乙双方在验收登记表上签字确认，验收登记表作为支付依据。

⑨ 人员检查：乙方人员离开甲方指定交货地点时，为避免夹带事件的发生，甲方验收人员有权检查乙方人员的物品，乙方人员应予配合，但甲方人员不得侵害乙方人员人身权利。

⑩ 甲乙双方对验收结果或货物质量持有异议的，乙方应先应甲方要求对货物进行更换或退货，然后由双方对存有异议货物抽样封存后在7日内交由××市权威检测机构检验。经检验不合格的，乙方自行承担损失；经检验合格的，甲方对乙方的直接

损失进行补偿。

⑪甲方有权对乙方企业进行不定期检查，甲方检查人员到达乙方企业（仓库）时通知乙方，乙方应为甲方人员提供检查便利，甲方人员检查内容为，乙方是否按照《中华人民共和国食品卫生法》《餐饮业食品卫生管理办法》《餐饮业和集体用餐配送单位卫生规范》《××市食品安全监督管理规定》等国家法律法规及地方政府有关规定为甲方提供服务；乙方是否尽到了保证食品卫生、安全的义务。

第十条：货款结算办法

（1）货款每月结算一次，甲方不得拖延付款。

（2）乙方凭当期双方确认的报价表（或临时供货发票）、甲方订货单及双方签字的验收登记表向甲方财务部门结算，甲方财务部门核对无误后以支票形式向乙方支付货款。

第十一条：突发食品卫生事件

（1）保证供给甲方的货物的卫生与安全是乙方的义务和责任，乙方应尽其可能履行义务和责任。

（2）当发生非乙方原因导致的突发食品卫生事件时，甲乙双方各自承担损失，但因乙方能尽到而未尽到责任的，乙方应承担违约责任。

第十二条：违约责任

（1）乙方延误交货时间，向甲方支付违约金，为延误批次货物总价的10%。

（2）乙方违反本协议第五条规定造成甲方人员伤害的，向甲方支付违约金10万元人民币并赔偿甲方人员损失。

（3）乙方违反本协议第十一条规定造成甲方人员伤害的，向甲方支付违约金10万元人民币并赔偿甲方人员损失。

第十三条：协议生效

（1）本协议由双方代表于＿＿年＿＿月＿＿日在××签订，自签订之日起生效。

（2）本协议一式＿＿份，甲乙双方各执＿＿份，具有同等法律效力。

（3）本协议未尽事宜，双方友好协商解决。

甲方：　　　　　　　　　　　乙方：

法定代表人（或授权委托人）签字：　　　法定代表人（或授权委托人）签字：

　　年　　月　　日　　　　　　　年　　月　　日

　　（盖章）　　　　　　　　　　（盖章）

【实战范本3-05】▶▶

餐饮采购供货协议

甲方：＿＿＿＿＿＿＿＿＿＿＿（以下简称甲方）

乙方：×××餐饮管理有限公司（以下简称乙方）

甲乙双方本着平等、自愿、诚实信用、互惠互利的原则，就甲方供应商品给乙方的合作事宜，经双方友好协商达成以下协议。

一、供货标准

（1）品名：内蒙古锡盟和乌盟地区，年龄为5～6个月的小绵羊的羊蝎子。

（2）部位：从颈项到尾尖的完整的羊脊椎骨。

（3）质量：每根羊蝎子的质量为1.8～2.5斤，每根羊蝎子骨头上附着的肉不得少于0.8斤。

（4）色泽：羊蝎子为本色，色泽鲜红。

（5）手感：肉质富有弹性及轻微的黏度。

（6）食品卫生要求：无腐烂变质、保存不当所导致的异味或其他不符合食品卫生要求的特征。

（7）验收标准：双方签字确认封存两个样品，以此作为甲方供货和乙方验货的标准。

（8）质量承诺：甲方保证所供产品的产品质量，并保证承担不符合双方约定质量的产品的退换。

若属甲方自身质量与国家标准、食品卫生法不符合而造成的经济损失、连带经济损失以及法律责任由甲方全部承担。

（9）质量保证：甲方必须向乙方提供公司的营业执照复印件、羊蝎子的"质检证明书"等有关资料。

二、供货数量

甲方保证在供货价格上为优惠乙方，乙方保证每月所购羊蝎子的数量不得少于＿＿＿＿＿斤，每年的数量不得少于＿＿＿＿＿吨。

三、供货价格

（1）合同期内甲方必须保证为乙方所提供的羊蝎子是××批发市场上价格最低的，乙方不得以相同价格寻找其他供货渠道。若乙方发现甲方所提供的产品价格高于××批发市场上的价格，甲方应向乙方补足两倍的价格差额。

（2）甲方为乙方供应的羊蝎子的价格为＿＿＿元/斤（包括运费、杂费）。因市场价格浮动，双方另行商定价格。

四、送（提）货及付款方式

（1）甲方负责将产品送至乙方指定地点。甲乙双方应当面验收所供产品，由乙方出示收货凭证。甲方凭乙方的收货凭证结账。

（2）乙方也可直接到甲方的冻库提货，由甲方出示供货凭证，甲方凭乙方签字确认的供货凭证结账。若属此类提货方式，甲方供应的羊蝎子的价格应减去运杂费____元/斤。

（3）甲乙双方同意结款方式为_____。

五、其他事项

（1）本合同有效期限为____年，从____年____月____日起至____年____月____日止。

（2）合同期满前15天，根据双方意愿商讨是否续约本协议。

（3）本合同未尽事宜，由双方友好协商解决。

（4）本合同一式两份，双方各执一份，经双方签章后生效。

甲方签章：   乙方签章：

代表签章：   代表签章：

联系电话：   联系电话：

传真号：   传真号：

签订时间：   年   月   日

第二节　灵活的采购方式助减成本

餐饮企业的采购方式有多种，不同的方式适用于不同的企业，在选择采购方式时一定要以企业的实际情况为依据。

一、大型连锁餐饮企业统一采购

在不超出价格弹性范围的情况下，所采购商品数量越大，压低价格的筹码也就越重，即所谓"多买贱卖，薄利多销"。目前，许多知名餐饮企业都采取统一采购。这种采购方式可以极大地提高规模效益，减少中间环节，有力地降低采购成本。

全聚德、便宜坊、真功夫、华天等餐饮企业，采取扩大分店及连锁门店集中采购范围的采购方式，并加强定向订单采购。

××火锅餐饮公司，从食材到用具都在厂家直接定做，如火锅专用电磁炉、锅、托盘、菜盘、饮料杯、筷子、餐巾纸等，甚至连牙签都由总部统一采购配送，确保高标准、高质量地完成采购工作，大幅度地提升了采购员的工作效率，降低了供应商寻找、询价、问价、谈判等的成本，同时大批量的需求也能够使价格得到有效的控制。

二、集团统一采购与各区域分散采购相结合

国内很多大型餐饮集团，如内蒙古小肥羊餐饮连锁有限公司、山东净雅餐饮集团等，采取了统一采购与分散采购相结合的采购模式。

 案例

小肥羊集中采购和物流配送，降低门店运营成本

小肥羊餐饮连锁有限公司经营食品的原料种类繁多，季节性强，品质差异大。为此，小肥羊成立了物流配送分公司，在内蒙古包头、内蒙古锡林浩特设立了一级分拨中心，在北京、上海、深圳等城市和山东、陕西、河南、河北、甘肃、新疆等地区设立了二级分拨中心，业务范围覆盖全国，为小肥羊连锁有限公司餐饮经营的集中采购、配送、仓储提供了后勤保障。

小肥羊连锁有限公司对食材进行集中采购和统一配送。各门店在系统中上报采购需求，集团进行汇总分析后制订统一的采购计划，通过统一供应商管理和价格管理平台进行集中采购和财务结算，有效降低物料采购成本，提高了小肥羊连锁有限公司的整体竞争优势。

同时，小肥羊连锁有限公司总部将物流业务系统延伸到连锁店，根据下属企业的要货申请，在公司内进行库存物资的分配、平衡，下达统一的内部配送指令，使连锁店与物流公司业务形成闭环，从而集中资源优势解决连锁店的原材料供应问题，降低连锁店运营成本。

餐饮企业可以借鉴其他行业企业的成功经验，对价值高、关键性的物资实行统一计划、统一采购，以获得规模经济，降低采购成本；对批量小的低值易耗品以及需要每日购买的果蔬、肉蛋、调料等物资，实行区域分散采购。

全聚德、便宜坊等中餐集团纷纷将旗下多品牌餐饮的采购集中，以大量进货为筹码压低进价，甚至还将鲍鱼、鱼翅、海参等高档原料的采购也纳入集中采购的范围。"成本被压低10%～20%"，便宜坊集团相关负责人表示，该集团将真空食品、餐厅菜品等原料

全部集中采购，最高可以将原料进价压低为原来价格的80%。中国烹饪协会还集中了近10家具有规模的中式快餐企业进行多家企业联手全国集中采购，也受益匪浅。

三、本地采购与外地采购相结合

在餐饮企业的日常经营中，大量的原材料一般都在本地就近购买，以便能够及时满足使用需求。但由于市场经济的作用，各地产品的价格都有所不同，尤其是干货、调料等，由于进货途径不同，各地的价格差异较大。这就需要餐饮企业采购部门深入地开展市场调查研究，掌握本地和外地各类产品的价格行情，从而有计划地去外地采购同等质量、低廉价格的食品原料。

 案例

麦当劳本土化采购

本土化采购对缩短采购周期和降低采购成本有极大的作用，而采购周期直接关系到保质期问题。麦当劳在中国的原材料采购额每年高达数十亿元人民币，最初部分原材料从国外进口，现在97%以上都在本地采购。

麦当劳有一套很好的运转机制，其所需原料有固定的供应商，有的已合作了40多年。麦当劳开到哪里，供应商就把厂建到哪里，双方形成了一种良好的合作伙伴关系。

作为必备产品，麦当劳的薯条受到严格的监控。1993年，麦当劳的主要薯条供应商辛普劳在北京成立合资公司，年产量1万吨以上。早在1982年决定进入中国之前，麦当劳便与辛普劳调查适合在中国加工的土豆品种，最后选定美国品种夏波蒂，然后从美国引进先进种植技术，对施肥、灌溉、行距、株距及试管育苗等都规定了统一标准。

美国可奈劳公司一直向麦当劳餐厅提供高质量的生菜。1997年麦当劳考虑采取本土化采购，于是可奈劳公司开始在广州建立分公司。为了确保产品质量，厂房和实验室设备几乎全部从国外进口。

美国福喜公司与麦当劳有40多年的合作关系。1991年福喜在河北成立独资企业，为麦当劳提供肉类产品及分发配送服务。福喜公司有一套完整的产品质量保证体系，每个工序均有标准的操作程序。比如，生产过程采用统计工艺管理法，关键质量控制点采用现场控制图法，每种产品都有几十个质量控制指标，确保食品质量。

1995年麦当劳在北京建立生菜、薯条生产厂，在昆明建立汉堡包生产厂。面粉供

应商是北京大晓坊面粉公司、新烟面粉公司、河北马力酵母公司，其自愿参加了美国烘焙协会的标准检查，以确保产品质量。

广州味可美公司由麦当劳美国供应商独家投资，1996年开始营运，专门为麦当劳提供西式调味料、酱料和雪糕材料等。麦当劳两款特色食品——冷冻苹果派和菠萝派则由美国百麦公司和北京合资企业生产，95%的原料在中国采购，一小部分调味品从外国进口。

四、餐饮企业联合招标采购

餐饮企业可以在地区内联合几家企业进行联合招标采购，扩大采购规模，形成规模优势，以降低采购成本和产品原料价格。

招标采购是指企业提出品种规格等要求，再由卖方报价和投标，并择期公开开标，通过公开比价以确保最低价者得标的一种买卖契约行为。招标采购提倡公平竞争，可以使购买者以合理价格购得理想货品，杜绝徇私、防止弊端，但是手续较烦琐、费时，不适用于紧急采购与特殊规格货品的采购。

五、电子采购，降低中转环节

电子采购将成为采购业发展的一大趋势，因此餐饮企业应顺应潮流、及时行动，加大对电子商务的投入，逐步实现电子销售和电子采购一体化的在线供应链管理。一方面推行并不断改进"为订单而采购"的经营模式，最大限度地缩减销售物流与采购物流之间的中转环节——库存物流，按需求定供应，以信息换库存；另一方面再造销售模式和采购模式，逐步实现在线、实时的电子采购并不断提高其份额。

2009年，中国首个餐饮业电子采购管理平台（www.cgy100.com）正式上线，该平台可提供值得信赖的供应商和具备大宗原料采购能力的餐饮企业的相关信息，原材料进出货价格、原产地等各种管理表格也可在线生成，还可让餐饮企业和供应商的业务与国标财务软件对接。该平台不但能节约采购原料的时间，而且在系统上留有交易记录，可以实现产品的安全追溯。

2010年5月，商务部发布了《关于推广餐饮企业电子商务采购平台的通知》，足以见证政府对餐饮企业电子采购的重视与支持。

六、供应商长期合作，实行成本定价

餐饮企业可以与供应商签订长期采购合作协议，实行成本定价，以此来达到降低成本的目的。

 案例

肯德基50亿元签下鸡肉大单

2009年7月15日，百胜餐饮集团中国事业部与大成食品亚洲有限公司、福建圣农发展股份有限公司及山东新昌集团有限公司三家国内鸡肉生产龙头企业在北京分别签署重要策略联盟合作协议。根据此项协议，在未来3年时间内，百胜将以"成本定价"的全新合作模式向三大供应商提供总共28万吨鸡肉的采购订单，总金额超过50亿元人民币。

"三年长期承诺＋成本定价"是百胜餐饮的采购新模式。"成本定价"是指以决定鸡肉产品成本的主要原材料的价格来确定鸡肉的价格。这种全新的合作模式由中国百胜首次实行。

通过这种新的合作方式，肯德基将不断获得安全、高质的鸡肉供应；供应商有了长期采购承诺，将可以放心地扩大生产规模、更新技术设备。

七、同一菜系餐饮企业集中采购

同一菜系所用食材原料大多相同，如川菜中用到的花椒和麻椒、湘菜中用到的辣椒、粤菜中用到的蚝油等。因此，同一菜系餐饮企业可以联合起来进行集中采购，建立统一采购平台。

餐饮企业经营中最主要的问题是"两材"：一个是食材，也就是原辅材料供应，如湘菜的原料大多需要从湖南购进，因此原辅材料的采购工作非常重要；另一个就是人才，餐饮企业靠味道来吸引顾客，更要靠人才来留住顾客。

八、农餐对接——向农户直接采购

餐饮企业直接与生产源头进行对接，可缩减两个终端间的中间环节，确保农产品源头可追溯，质量也更加有保障，价格也相对稳定。

目前"农餐对接"中面临着很多问题，如生产规模不能满足市场需求、不能长期稳定地满足企业创新菜品所需原料需求等。餐饮企业可以建立"农餐对接"长效机制，进行基地考察，研究合作模式，确保主要农产品的安全、有效供给。

九、餐饮企业自建原料基地

最近几年，餐饮企业原材料价格十分不稳定，部分出现大幅上涨。餐饮企业可以自己建立主要原料生产基地，以确保在原料供应和采购价格上的自主权。

案例

著名餐饮企业原料基地

重庆著名餐饮连锁企业陶然居，其店面每年需要大量的田螺、老腊肉、板鸭、土鸡、干海椒、花椒等，这些菜品原料绝大部分都是在企业自建的生态养殖基地种养的。

陶然居董事长严琦介绍，陶然居店面每年需要田螺达2800多吨，老腊肉300多吨，板鸭100多万只，黄瓜干200多吨，土鸡1500多吨，干海椒900多吨，花椒100多吨。她说"用料量越大受市场各种因素干扰就越大"。据了解，陶然居在西部地区三省市建立了面积达8万多亩（1亩≈666.67平方米）、拥有9大类生态种类的养殖加工基地和原材料配送中心。她说"菜品中常用的重庆辣椒都要与农户签订收购协议，不但保证辣椒的数量和品质，也确保价格的稳定，不受到市场经销商、运输等其他因素的更多干扰。"

另外，武汉艳阳天与湖北鄂州武四湖渔场建立武昌鱼养殖基地，小蓝鲸在湖北蔡甸建立莲藕直供基地等，这都让餐饮企业仰仗原料产地得天独厚的优势，尽量避免市场价格变动波及餐饮业。

无锡穆桂英美食广场则建立了安徽凤阳粮食、浙江北天目湖家禽、宁夏盐池牛羊肉、贵州黔西南州野生菌、云南昭通猪肉火腿、苏北高宝湖淡水产品、吉林糯米、无锡大浮蔬菜八个原料基地，专门为其供应原料。

小肥羊的肉材都来自锡林郭勒草原基地、巴彦淖尔草原基地和呼伦贝尔草原基地，它是国内生产规模最大、技术水平最高的羊肉加工企业，也是国内首家获得有机食品认证的羊肉加工企业。

餐饮企业可以在农村直接建立自己的原料生产基地，减少中间转手销售环节，确保原料价格波动不超出企业承受范围。当然，餐饮企业要与农户签订收购协议，这样不但可以保证原料的数量和质量，也可保证价格的稳定，避免受到市场经销商、运输等其他因素的可以干扰。

第三节 加强采购员管理

一、聘用合格的采购员

聘用合格的采购员是加强采购管理和控制采购成本的必要条件。

采购战略和详细措施的施行是由采购人员来完成的，因此采购员的选择对采购成本

的控制有着举足轻重的作用和影响。一名好的采购员能为企业带来可观的经济效益。一名合格的采购员必须具有的条件如下。

（1）人品诚实可靠，爱岗敬业，具有丰富的商品知识、丰富的贸易工作经验。

（2）把握市场供应状况和消费变化动态。

（3）懂得有关法律知识，遵守规章制度。

（4）了解一定的烹调知识。

（5）具有鉴别采购商品质量的能力以及必要的保管知识。

（6）具备数字计算能力，能对采购业务进行科学计划管理等。

二、加强员工自身采购知识与技能

因为每天需要大量地开展采购工作，采购员必须掌握必要的商品知识。至少是他所分管范围的商品知识，了解市场行情，要随物品特点而定，对时令物品，因供求情况和价格变化快，应随时了掌握其变化；对季节性强的物品，如鲜贝、对虾等，须摸清生产周期，掌握采购最佳时期，根据采购的质、量、时间要求进行选择，如从外地进货还要了解运输的情况和运输费用的高低。可供采购物品的市场是广阔的，一种物品要能有几十家供货单位可供选择，同时还必须了解市场的其他一些因素，如市场物品流通渠道、产品供应的季节性，价格波动，商业经营气候等影响市场供应变动的原因。要了解市场行情，就要进行调查分析，这样就有可能避免采购的盲目性和被"宰"情况的发生，既能确保采购质量，也可防止某些采购员徇私舞弊，中饱私囊，从而有效地控制采购成本。

三、重视采购员的思想教育工作

采购员对于采购工作的把控至关重要，而采购经理对采购工作的管理主要表现在对采购员的管理上。针对采购工作的特点，采购经理首先要加强对采购员的法制教育，职业道德教育，提高其抵制不正之风的自觉性，树立坚强的组织观念和严明纪律性，同时，要培养其企业主人翁的责任感，不谋私利，不徇私情，秉公办事的思想作风。

在明确采购员的业务及职责范围后，对其要充分信任与授权，使之有独立自主的处理问题的权力，能想方设法，克服困难，完成任务，不必事事请示，但要有事事汇报制度，采购员应将每天工作中遇到的问题、处理的方法以及每天的到货情况等写在"每日工作汇报表"中，以便采购经理检查，发现问题时随时解决。

四、防止采购员"吃回扣"

餐饮企业食品原料的采购成本几乎占据总成本的一半，因此，食品原料的采购工作对餐饮企业的资金周转、菜品质量优劣有着重要的意义。在采购过程中，"吃回扣"现象无疑是企业在餐饮经营中最常遇到的重大问题之一。以下为有效防止采购员"吃回扣"的方法。

（一）采购员的选择

企业在选择采购员时应注重其个人品质，应选择为人正直、受过良好教育的人。

 案例

丁先生投资60万元，租下了一家上下两层、共500米^{2}的门面房，准备开家火锅店。由于自己分身乏术，丁先生将火锅店的事务交给了表姐张女士负责，并请来从事餐饮管理工作多年的小刘辅助张女士。

为了将火锅店装修成巴渝竹楼风格，张女士找了一个装修队。小刘则画出草图，开出料单，之后两人一起去采购材料。在此期间，小刘只负责提建议，张女士负责结账。小刘算了一下，装修的花费应该在5万元左右，可张女士却当着小刘的面，将7万元的账单拿给了丁先生。

小刘是明白人，他不好多说什么，毕竟丁先生和张女士是亲戚。然而，在设备器具采购过后，张女士又拿回了5万多元的发票。熟悉行情的小刘一估算，丁先生起码又多支付了表姐6000～7000元的费用。

张女士这是在挖自家人墙脚，可她以后还要负责菜品的进货工作。倘若菜品成本高，那还怎么与同行竞争？因此，小刘不看好这家店的前景，并选择了离开。

半年不到，丁先生的火锅店便关门歇业了，投入的60万元资金"打了水漂"。

小刘认为，丁先生的问题出在过于相信表姐张女士。张女士没有正当工作，丁先生将火锅店交给她打理，也是想在经济方面支持一下表姐。然而，丁先生却并不知道表姐的为人。由此可见，在选择采购员时，一定要慎重。

（二）供应商的选择

不要长期选择同一家供应商。选择不同的供应商有利于物料更好地流动，并且在一定程度上可以避免采购员与供应商建立"密切关系"。

（三）经常进行市场调查

企业应对市场进行定期或不定期的调查，掌握市场行情，了解货物的价格与质量、数量的关系，并与自己采购回来的物品进行对比，以便及时发现问题、解决问题。市场调查工作可以由专员负责，也可以由财务人员、行政人员，甚至是经理负责。

（四）库房人员、采购员、厨房人员验收

库房人员、采购员、厨房人员应独立进行验收工作，这对餐饮企业的管理非常有效，尤其在防止以次充好、偷工减料方面效果显著。一定要牢记，库房人员与厨房人员绝不可以受到采购员的影响。

（五）有力度的财务监督

供应商、采购员报价后，财务部应进行询价、核价等工作，实行定价监控。餐饮企业可实行"双出纳"制度，两个出纳一个负责现金的支出，一个负责现金的收入，以便更好地控制现金的收支。财务部可以每周派人进行市场调查，并核实采购员的报价。

第四节　货源选择与成本控制

餐饮企业常因经营方式不同，而在货源选择上有很大的差异性，如中餐、西餐、快餐等，因其销售的菜式都不相同，因而其所需的价格、质量、数量也各有其特殊的要求。

一、不同类食材的货源选择

以下将货源区分为三大类，就其共同特点加以分析。

（一）生鲜类食材

生鲜类食材包括各种肉类、海鲜、蔬菜、水果等，除了西式快餐业外，此类原料多为餐饮企业最主要的采购品项，也是采购员最大的采购工作所在。生鲜类食品的供应选择，除了要把握住采购三要素——质量可靠、价格合理、数量准确外，还必须注意市场行情，确保食品新鲜与供应商及时供货的能力。

（二）冷冻类食材

冷冻类食材的类别与生鲜类食品大致相同，但因其储存方式不同，在供货来源上也不相同。近年来，随着经济的高速发展，冷冻食品因具有方便性，普及率越来越高，餐饮企业也大量使用。尤其是西式快餐业，此类食材更是大宗消耗品。

冷冻食品的方便性，在于其保存期限较长，且多经过初级加工。由于此类食材须经过工厂加工，因而在选择此项食材时，除要考虑食材本身品质外，对其工厂的生产流程，甚至对其储存及配送的设备与作业流程，都必须谨慎加以评估，并以此作为采购的依据。

（三）干货配料类食材

干货配料类食材指的是油、盐、酱油、糖、南北干货配料等，因其为非生鲜原料，所以保存期限较长，且多有品牌规格要求。在货源的选择上，可就厨房使用者的需求，再依一般采购原则处理即可。

二、货源品质及成本控制

对采购员来说，购买到相同品质但价格较低的食材，或是以同样价格获得更高品质的食材，都是对公司成本控制上的贡献。成本控制的计算，属于财务部门成本会计的范畴，而食材成本控制，则为食材采购部门的职责，物料成本的高低，即为采购部门将货品购入经使用部门使用完后的绩效表现。

（一）存货差异控制

当某一物料其购入与销售的计量单位相同时，如可乐进货时以瓶计量，销售时也以瓶来计量，此特定物料经由每日详尽的耗用记录，再与当期盘存资料相比较后得出的差异数字，即为控制物品去向的方法。其计算公式为

$$存货差异＝期初盘存＋进货－售出数－期末盘存$$

通过准确的盘点、翔实的销售记录与标准正确的生产操作，可为控制存货差异最主要的方法。

（二）产能控制

这是一般餐饮企业食材成本控制的最主要方法，当物料购入与销售的计量单位不相同时，如进货一批鸡，通常是以进货多少千克、每千克多少费用计价，但经厨房烹制后，却是以一客一只鸡为单位来出售。又如进货一批咖啡以千克计价，经过冲泡后，以每杯多少钱来出售。因此要进行产能控制之前，必须先制定标准操作程序与标准产能规范。产能的追踪，一般可分为以下两部分。

1.供应商供货产能

生鲜类食品因进货标准无法完全一致，如一条鱼或一只虾，通常只能规定一个上下限的标准，如每条或每只 1～1.2 千克。若供应商以上限交货，而餐厅以每客一条的方式售出，则食材成本将会升高，因此，采购员或验收品管人员务需要特别注意。

2.生产产能（产出率）

在生产产能的追踪上，又可分为人工操作产能与机具产能两种，如图3-2所示。

人工操作产能

此控制的重点在厨房标准操作的确实执行，采购员采购较高品质的原料，也可提高人工操作时的产能

机具产能

现代化的厨房使用机具代替人工的范围越来越广，而每一机具都有其设定的产能、正确的操作使用与依规定加以确实的保养维修，是提高或维持机具产能与延长使用寿命的不二法门

图3-2　生产产能（产出率）的类别

（三）丢弃管理

在餐饮企业的产制过程中，原料的耗弃有时是必须的，而丢弃的原因不胜枚举，可就管理的两个层面加以分析。

1.原料丢弃管理

造成原料必须丢弃的原因，有三个方面，如表3-1所示。

表 3-1　造成原料必须丢弃的原因

序号	原因	说明
1	订货不当	这在生鲜或短效期的原料上最容易发生
2	操作不当	这与厨师的技术或专心度有关，可从管理训练上加以改进
3	储存或搬运不当	如是人为因素的话，小心即可；若为设备的问题，则须尽速加以检修

2.成品丢弃管理

近年来快餐业发展很快，快餐业因其多为预先产制餐点，再通过保温或再加热的方式，以加快服务流程，但成品有其保存期限，所以如何经过详细的时段销售分析，以控制成品的预制，既能达到快速服务，又能减少成品丢弃，是一个非常重要的课题。

第五节　运用采购规格标准减成本

采购工作是餐饮成本管理的首要环节，直接影响到餐饮经营的全部活动，直接影响着餐饮成本的形成。餐厅为达到最佳经营效果和管理食品成本，对所需的食品原料的采购规格进行规范，因此能对质量标准、价格标准和采购数量标准进行的有效管理。

一、何谓采购规格标准

采购规格标准是根据餐厅的特殊需要，对所要采购的各种原料做出详细、具体的规定，如原料产地、等级、性能、大小、个数、色泽、包装要求、肥瘦比例、切割情况、冷冻状态等。

当然餐厅不可能也没有必要对所有原料都制定采购规格标准，但对占食品成本将近一半的肉类、禽类、水产类原料及某些重要的蔬菜、水果、乳品类原料等都应制定采购规格标准。

> 　提醒您：
>
> 　　由于原料的质量对餐饮成品的质量有着决定性作用，成本较高，因此采购时必须严加控制。

二、使用采购规格标准的好处

使用食品原料采购规格标准有以下好处。

（1）迫使管理者通过仔细思考和研究，预先确定餐厅所需各种食品原料的具体质量要求，以防止采购员盲目地或不恰当地采购。

（2）把采购规格标准分发给有关货源单位，能使供货单位掌握餐厅的质量要求，避免可能产生的误解和不必要的损失。

（3）使用采购规格标准，就不必在每次订货时向供货单位重复解释原料的质量要求，从而可节省时间，减少工作量。

（4）如将一种原料的规格标准分发给几个供货单位，有利于引起供货单位之间的竞争，使餐厅有机会选择最优价格。

（5）食品原料采购规格标准是原料验收的重要依据之一，它可严格控制原料质量。

三、如何制定采购规格标准

（一）采购规格书的内容

采购规格书是以书面的形式对餐饮部要采购的食品原料等规定具体的质量、规格等要求的采购书面标准。采购规格书应包括下列内容。

（1）食品原料名称（通用名称或常用名称）。

（2）法律、法规确定的等级或当地通用的等级。

（3）报价单位或容器的单位。

（4）基本容器的名称和大小。

（5）每单位容器所装的数量。

（6）质量范围。

（7）加工类型和包装。

（8）成熟程度。

（9）为防止误解而需要说明的其他信息。

采购规格书的内容和格式如表3-2所示。

表 3-2　采购规格书

（1）原料名称：
（2）原料用途（详细介绍原料的用途）：
（3）原料概述［列出原料的一般质量指标。如制作猪排必须选用完整无缺的里脊，且里脊外有脂肪层（厚度为2厘米），处于冰冻状态，无不良气味］：

续表

（4）原料详细说明：列出有助于识别合格产品的因素，包括 　　产地　　　　　规格　　　　　密度 　　品种　　　　　份额大小　　　容器 　　类型　　　　　商标名称　　　净料率 　　式样　　　　　稠密度　　　　等级 　　包装物　　　　其他
（5）原料检验程序（收货时对应该冷藏保管的原料可用温度计检测温度，通过计数或称重检验数量）：
（6）特殊要求（明确表明原料的质量要求所需的其他信息，如投标程序、包装要求、交货要求等）：

（二）编写时需要考虑的因素

（1）不同类型的餐饮企业对原料质量标准的要求也不一样。快餐店与普通餐馆、普通餐馆与豪华餐厅对原料质量的要求都不一样。

（2）企业的设备、设施情况会影响需采购的食品原料的品种和数量。如果餐厅没有齐全的设备，就需要采购较多的经过加工后的产品，并要在采购书上详细地写明要求。

（3）从市场上可购买到哪些食品原料、企业的需求和供应商之间的差距是影响质量标准制定的重要因素。如果市场上原材料种类繁多、标准统一，那么这对采购规格书的编写是有利的。此外，还要考虑交货时间和工具。

（4）企业要采购哪些食品原料是由菜单决定的。企业应根据菜单上菜肴的制作要求，在采购书中写明对原料的采购要求。

（三）制定注意事项

（1）制定采购规格标准时应审慎小心，要仔细分析菜单、菜谱，既要根据各种菜式制作的实际需要，也要考虑市场实际供求情况。

（2）一般要求厨师长、食品控制员和采购部人员一起研究决定，力求把规格标准定得实用可行。

（3）规格标准和文字表达要科学、简练、准确，避免使用模棱两可的词语如"一般""较好"等，以免引起误解。

（四）常见的食材选购标准

表3-3所列为常见的食品原料选购标准。

表 3-3　常见的食品原料选购标准

序号	类别		选购标准
1	食米		（1）米粒均匀饱满、完整、坚实而重 （2）光洁明亮，无发霉、石粉、砂粒、米虫等情况和异物 （3）越精白者，维生素B含量越少，故宜选用胚芽米或九三米，更具营养
2	面粉		（1）粉质干松、细柔而无异味 （2）依蛋白质含量的不同，而区分如下 低筋：蛋白质含量低，颜色最洁白，紧握后较易成团，宜做小西点及蛋糕之用 中筋：蛋白质介于高、低筋之间，宜做面条之用 高筋：蛋白质含量最高，其色微黄，紧握不易成团，专做面包之用
3	乳类	乳粉类	奶粉宜选择乳白色不成块状的粉末，并选罐制或不透明袋装的产品，外观必须标示清楚，不要购买透明、塑胶袋装的不合法产品
		罐头类	（1）包装精美完整，罐头平整，不向外凸出 （2）标示说明清楚，包括容量、厂牌、厂址、制造日期及保质期等
		鲜奶类	（1）鲜奶味鲜美，且有乳香，色白而密黄 （2）乳水油腻而不结块 （3）注意制造日期、厂商销售期间的存放方式与储藏温度控制等情形 （4）须经卫生检验机构检验合格
4	肉类	家畜肉类（牛猪肉）	（1）品质好的猪肉其瘦肉部分为粉红色，肥肉部分为白色且清新，硬度适中，无不良颗粒存在，肉质结实，肉层分明，质纹细嫩，指压有弹性，表面无出水现象 （2）牛肉则瘦肉部位为桃红色，肥肉呈白色，但牛筋则为浅黄色 （3）病畜肉上常有不良颗粒，瘦肉颜色苍白；死畜肉呈暗黑色或放血不清，有瘀血现象；肉皮上未盖检验章者为私宰牲畜，较无保障
		家禽类	（1）活的家禽类，头冠鲜红挺立，羽毛光洁明亮，眼睛灵活有神，腹部肉质丰厚而结实，肛门洁净而无污物黏液 （2）杀好的家禽类，外皮完整光滑，整体肥圆丰满者为佳
		内脏	（1）肝应为灰红色、筋少、有弹性、无斑点 （2）猪肚应肥厚、色白、表面光亮、无积水
5	海产类	鱼类	（1）鳞片整齐而完整 （2）眼睛明亮而呈水晶状 （3）鱼鳃鲜红，鱼肚坚挺而不下陷，鱼身结实而富弹性 （4）只有正常的鱼腥味而无腐臭味
		虾类	（1）鲜虾种类繁多，依其种类各有其应有的色泽 （2）虾身硬挺、光滑、明亮而饱满 （3）虾身完整，头壳不易脱落 （4）具自然的虾腥味而无腐臭味
		蟹类	（1）应选蟹身丰满肥圆的 （2）蟹眼明亮、肢腿坚挺、胸背甲壳结实而坚硬 （3）腹白而背壳内有蟹黄

序号	类别		选购标准
5	海产类	蛤蚌螺类	(1) 外壳滑亮洁净 (2) 外壳互敲时，声音清脆，无腐臭味
		海参类	(1) 肉身坚挺而富弹性 (2) 洁净而无杂质及腐臭味
		牡蛎类	(1) 肉质肥圆、丰满 (2) 上部洁白而坚挺 (3) 无腐臭味
		墨鱼	肉身洁白、明亮、坚挺而富弹性
		鱼翅	翅多而长，并且光洁滑亮
6	蛋类	鲜蛋类	(1) 新鲜蛋外壳粗糙无光泽，并且清洁无破损 (2) 以灯光照射，其内应透明，无浑浊或黑色 (3) 蛋气量要小，用手摇时无振荡的感觉 (4) 放入盐水中会下沉 (5) 蛋打开后，蛋黄丰圆隆挺；蛋白透明坚挺，包围于蛋黄四周而不流散
		皮蛋类	外壳干净无黑点，手拿两端轻敲时，有弹性震动感
7	蔬菜类		(1) 胡萝卜：头尾粗细均匀，色红而坚脆，外皮完整光洁，并具充足水分 (2) 白萝卜：头尾粗细均匀，色白而表皮完整细嫩，用手弹打具结实感 (3) 马铃薯：表皮洁净完整，色微黄，水分充足，无芽眼 (4) 小黄瓜：头尾粗细均匀，表皮瓜刺挺直、坚实、碧绿而带有绒毛，瓜肉肥厚 (5) 大黄瓜：头尾粗细均匀，表皮光洁平滑，瓜肉肥厚、坚脆、水分充足 (6) 青椒：外观平整均匀，表皮滑亮，色绿而坚挺 (7) 茄子：表皮光滑呈深紫色，茄身粗细均匀、瘦小、坚挺，而蒂小者为佳 (8) 笋：笋身粗短，笋肉肥大，肉质细嫩 (9) 茭白笋：色白、光滑、肥嫩，切开后没有黑点 (10) 洋菇：蒂与基部紧锁而未全开放，呈自然白色，若过分洁白，则可能添加荧光剂 (11) 洋葱：表皮有土黄色薄膜，质地结实者为佳 (12) 芋头：表皮完整、丰厚、肥嫩，头部以小刀切开呈白色粉质物为佳 (13) 香菇：选茎小而肥厚者，菇背有白线纹为上品，侧面越白越新鲜 (14) 甘蓝菜：叶片呈暗绿色，肥厚嫩滑而无虫害，茎部肥嫩者为佳 (15) 菠菜：叶片呈深绿色，肥厚滑嫩，茎部粗大硬挺，基部肥满而呈红色 (16) 丝瓜：表皮瓜刺挺立而带绒毛，瓜身粗细均匀、硬挺且质量重者为佳

续表

序号	类别		选购标准
7	蔬菜类		（17）包心菜：外层翠绿，里层纯白，叶片明亮滑嫩而硬挺，包里较宽松 （18）茼蒿：叶片肥厚、嫩滑、硬挺、完整而无虫害 （19）空心菜：茎部要短，叶片肥厚、完整而无虫害 （20）芹菜：茎部肥厚而色白为佳 （21）苋菜：叶片肥厚而无虫害 （22）葱蒜：茎部粗肥而长者为佳 （23）长豆角：粗细均匀而肥嫩 （24）四季豆：粗细均匀而滑嫩 （25）豌豆：肥嫩坚挺而完整
8	水果		（1）苹果：表皮完整，无虫害及斑点，具自然颜色、光泽及香味，质重而清脆 （2）橘子：皮细而薄、质重且具有橘味者为佳 （3）柠檬：皮细而薄、质重多汁为佳 （4）香蕉：以肥满熟透、具香味者为佳 （5）凤梨：表皮凤眼越大越好，以手弹时有结实感，质重，具芳香味，表皮无汁液流出 （6）西瓜：表皮翠绿、纹路均匀、皮薄、质重、多汁，以手敲时有清脆声者为佳 （7）木瓜：表皮均匀无斑点，肉质肥厚者为佳 （8）香瓜：皮薄且具光泽，底部平整宽广，轻压时稍软，摇动时无声响，并具香味者为佳 （9）番茄：表皮均匀完整，皮薄、具光泽、翠绿中带红色者为佳 （10）葡萄：果蒂新鲜硬挺、色浓而多汁者为佳 （11）梨：皮细、质重、光滑、多汁者为佳 （12）柚子：皮细而薄、质重且头部宽广为佳
9	调味品	食用油类	（1）固体猪油以白色、无杂质且具有浓厚香味者为上品 （2）液体油则以清澈、无杂质及异味者为佳
		酱油类	有品牌、经卫生检验有明显标示、具有豆香味、无杂质
		食盐	色泽光洁、无杂质、干松
		味精	色泽光洁、无杂质、干松，用火烘烤会熔化者，即属真品
		食醋	种类繁多，有清纯如水者，也有略带微黄者，选购时以光洁、清澈、无杂质为佳
		酒类	调料用酒大多以黄酒、高粱酒、米酒居多，宜选用清澈、无杂质者
		糖类	干松而无杂质

四、采购规格标准的管理

采购规格标准一经制定，应一式多份，除分送给货源单位使其按照要求的规格标准供应原料外，餐饮企业内部一般应分送给经理、行政总厨、采购部办公室以及食品原料验收人员，以做验收原料时的对照凭据。

采购规格标准可以在营业的任何一个阶段制定或修订，因为它不可能固定不变；相反，餐饮企业应该根据内部需要的变化和市场情况的变化，随时检查和修订采购规格标准。

第六节　订货作业控制减成本

在餐饮企业的采购作业流程中，实际订货工作往往远比与供应商洽谈采购条件更重要，当采购员与供应商签订或议定买卖条件后，即开始进行订货的工作。由于餐饮采购的食材原料力求新鲜，因此如何达成有效率的订货工作，也成为对采购员的要求。

一、订货的目标

正确执行订货工作，可使营运顺畅，而安全库存的维持与物品储存周转率的提高，则为订货的目标。也就是说，采购员必须在为维持有量所获得的好处和因储存所付出的代价之间谋求最佳的平衡点。适当的存量可获得营业顺畅、增加销售、给予顾客良好的印象等好处；但因储存带来的库存成本、因采购过多导致积压资金的风险、货品储存过久而致腐坏等，也都是在订货时必须考量的因素。

> 🔷 **提醒您：**
>
> 并非所有品项的采购都直接由采购员主导，有些品项限于专业或其他原因，会由使用单位或仓库依其需要量与安全库存量提出请购单，经过总经理或指定的主管核准其请购单，最后才由采购员直接办执行订货。

二、订货对象

（一）对外订货

依照采购单位认可谈定的条件，向指定的供应商订货。

（二）对内订货

中大型或连锁经营的餐饮企业，为集中采购或强化采购条件，常有配销中心或中央仓储的设置，此时各营业单位只需面对一个订货对象，而由配销中心去面对众多的供应商，如此可减轻营业单位管理上的负担，如果再加上计算机化管理，将可更有效达成原料管理的绩效。

（三）厂商自行进货

有些供应商的配销能力非常强，且品牌很强势，也可自行固定到餐厅检视存货、补货。

三、订货数量与成本

（一）采购数量控制与成本的关系

食品原料的数量对餐饮企业来说至关重要，数量过多或过少都不利于成本控制，造成浪费，具体如表3-4所示。

表 3-4 数量过多或过少影响

序号	类别	影响
1	数量过多	（1）造成原材料的变质，因为任何食品原料的质量都随着时间的流逝而逐渐降低，只不过有些原材料变质的速度较快，有的则稍慢一些而已 （2）容易引起偷盗、资金占用过多及增加库存管理费用等
2	数量过少	（1）不可避免地造成原材料供应不上而难以满足顾客需求的局面 （2）导致采购次数增多而增加采购费用

因此，餐饮企业必须制定每种食品原料的采购数量标准，以避免上述情况的出现。

（二）影响订货数量的因素

订货数量的确认，必须经过订货人员审慎考虑与分析过各种因素，才可下单给供应商。订货数量的考虑因素如表3-5所示。

表 3-5 订货数量的考虑因素

序号	因素	具体说明
1	依预占营业额来订货	营业额的高低，直接影响到原料的使用量。所以在订货时，首要考虑的因素，就是打算做多少生意，也即预估营业额，以此来反推需准备多少原材料。计算时，可以每万元或某一固定金额的营业所耗用的原料的平均数作为参考依据，再算出要达成预估营业时的原料需求量
2	依使用量来订货	一个餐厅其各种原材料过去的使用情形，也可作为订货的一项重要参考资料。在一般情形下，可以前一期的使用量作为下一期订货的依据。所以长期性地累积记录各项原料的耗用情形，非常重要
3	依盘点结果来订货	盘点的结果，可让采购员清楚了解现在店内还剩余多少原料？有哪些不够了需要订货？所以盘点的正确与否，是影响订货准确性的重要因素的一
4	依供货期间长短来订货	订货时，也须考虑供货商供货期间的长短，接受订单后要多久才能将货品送到？下一次送货是什么时候？因为各供应商提供原料的到货时间或送货期间不尽相同，因此订货时必须依据供货期间，订足够的量
5	依原料储存的有效期限来订货	餐饮企业食品类有效期限的控制，是确保品质的重要方法的一，所以订货时，其储存有效期限也不可轻视，也就是订货量的可耗用期限不可超过储存的有效期限
6	依季节变换来订货	季节和天气的变化，往往会影响菜式及原材料使用量的不同，同时更重要的是，这些变化是生鲜食品供应期间、产量多寡、品质好坏与价钱高低的最主要指标，订货员须确实与采购及使用人员密切配合，以期达到采购的最高效益

序号	因素	具体说明
7	依广告促销来订货	为了提高营运绩效，或增强竞争能力，或刺激消费等特定原因，现今餐饮企业越来越重视广告促销。由于促销常常会打破原有原料耗用的正常比例，因此订货人员须对促销的内容、对象及企划部门的预期目标详加了解，并适度调整订货量，以配合促销活动的进行
8	依地区特性来订货	对于连锁经营的餐饮企业来说，每家分店都会因为所在地点商圈特性的不同，而在各项产品的销售比例上有所差异，因此在订货时，也须考虑这些差异性所造成的影响
9	依原料的包装数量与规格来订货	已决定出要订多少数量时，最后要注意的是，订货量必须考量此项原料的包装内容量，而做适当调整

餐饮企业应预估营业额中各项原物料所占的比率，计算使用量，或者以盘点结果的上期使用量减去盘存数量后，参考上列几项因素计算出需求数量，再依订货物品的包装数量来调整。

（三）最佳订购量

对餐饮企业而言，由于季节、天候、产量多寡、价格变动、促销等因素的影响，有些食材确实无法套用公式来计算采购量，不过一般仍可用下面公式得出最佳订购量。

$$采购量（含安全库存量）＝每日用量×进货天数×12$$

（四）采购周期

至于采购周期，理论上是越短越好，但考虑到鲜度、耗用量、供货期间及库存空间等，各种原材料的采购周期不尽相同，以下为一般餐厅普遍采用的采购周期。

（1）生鲜肉品、蔬果每日采购。

（2）冷冻食品每周或每20天采购。

（3）一般用品每月采购（单店则为每周采购）。

四、鲜活类原料采购要控制好数量

鲜活类原料必须遵循先消耗再进货的原则，因此，在确定某种原料的当次采购量之前，必须先掌握该原料的现有库存量。企业应根据营业预测，决定下一营业周期所需的原料数量，然后计算出应采购的数量。在实际操作中，企业可以选用以下几种方法计算出应采购的原料数量。

（一）日常采购法

日常采购法多用于采购日消耗量变化大、保质期较短、必须经常采购的鲜活原料。每次采购的数量用公式表示为

$$应采购数量＝需使用数量－现有数量$$

公式解析：需使用数量是指在进货间隔期内对某种原料的需求量，它主要由厨房或餐饮部决定。在确定该数量时，需要综合考虑特殊餐饮活动、节假日客源变化、天气情况等因素。

现有数量是指某种原料的库存数量，可以通过实地盘存加以确定。

应采购数量是需使用数量与现存数量之差。由于鲜活类原料采购次数频繁，有的几乎每天进行，而且往往在当地采购，所以一般不必考虑保险储备量。

在日常采购原料时，企业可以用"采购订货单"加以记录（表3-6）。原料的名称可以事先打印好，其余几栏则要在每次订货时根据需使用数量和现有存量的实际情况填写。

表 3-6　采购订货单

____年____月____日

原料名称	需使用量	现有存量	需购量	市场参考价		
				甲	乙	丙
花菜						
芹菜						
西红柿						
……						

（二）长期订货法

长期订货法多用于日消耗量变化不大、单位价值不高的鲜活原料的采购。采用长期订货法时，需注意以下几点内容。

（1）餐饮企业与某一供应商签订合约，由供应商以固定价格每天或每隔数天供应规定数量的某种或某几种原料，直到餐饮企业或供应商感到有必要改变已有供应合约时。

（2）要求供应商每天或每隔数天把餐饮企业的某种或某几种原料补充到一定数量。餐饮企业逐一确定原料的最高储备量。由餐饮企业或供应商盘点进货日现存量，以最高储备量减去现存量得出当日需购数量。

（3）可借用"采购定量卡"对相关内容进行记录（表3-7）。

表 3-7　采购定量卡

原料名称	最高储存量	现存量	需购量
鸡蛋/箱	5	3	2
鲜奶/千克	80	20	60
……			

长期订货法也可用于某些消耗量较大且需要经常补充的物资，如餐巾纸。由于大量的餐巾纸会占用很大的仓库面积，因此，由供应商定期送货会更经济。

五、干货及可冷冻储存原料采购数量控制

干货属于不易变质的食品原料,包括粮食、香料、调味品等。可冷冻储存的原料包括各种肉类、水产品。许多餐饮企业为减少采购成本、获得供应商的折扣优惠,往往会以较大批量进货。但是这样可能会造成原料的积压和资金的占用,因此必须对采购数量严加控制。

(一)定期订货法

定期订货法是干货原料采购中最常用的一种方法。因为餐饮原料品种多,使用频繁,为减少进货次数,使采购员有更多的时间去处理鲜活类原料的采购,餐饮企业可以把同类原料或向同一供应商采购的原料,定期在同一天采购。把不同类别的原料或向不同供应商采购的原料,安排在不同日期,使验收员和仓管员的作业量得到平均分布。

某餐厅每月订购罐装梨一次,消耗量平均每天10罐,订购期为4天,即送货日在订货日后第4天。仓管员通过盘点,发现库存还有50罐罐装梨。

由以上信息可以确定采购数量。但是,对期末需存量的确定并不是理想的4×10,考虑到交通运输、天气或供应情况等方面的原因,很多餐饮企业都在期末需存量中加上一个保险储备量,以防不测。这个保险储备量一般为理论期末需存量的50%,这样,实际期末需存量为

$$期末需存量=(日平均消耗量×订购期天数)×150\%$$

上述案例中的订货数量的计算过程为

$$订货数量-(30×10)-50+(10×4)×150\%=310(罐)$$

在定期订货法中,订货周期固定不变,但每次订货的数量是任意的。每到某种原料的订货日,仓管员应对该原料的库存数量进行盘点,然后确定本次的订货数量。订货数量的具体的计算方法如下。

$$需订货数量=下期需用量-实际库存量+期末需存量$$

其中,下期需用量为订货周期内餐饮企业的预测耗用原料量,其计算公式为

$$下期需用量=日平均消耗量×订货周期天数$$

期末需存量是指在每一订货期末,餐饮企业必须预留的足以维持到下一个进货日的原料的储备量,其计算公式为

$$期末需存量=日平均消耗量×订货在途天数×1.5$$

订货在途天数是指从发出订货通知至原料入库所需的天数。

(二)永续盘存卡订货法

永续盘存卡订货法也称订货点采购法或定量订货法,是通过查阅永续盘存卡(表3-8)上原料的结存量,对达到或接近订货点储量的原料进行采购的方法,一般被大型餐饮企

业所采用。使用永续盘存卡订货法的前提是对每种原料都建立一份永续盘存卡，并确定每种原料的最高储备量和订货点量。

1. 最高储备量

最高储备量是指某种原料在最近一次进货后可以达到但一般不应超过的储备量，一般根据原料的日均消耗量、计划采购间隔天数、仓库面积、库存金额、供应商最低送货订量规定等来确定。

2. 订货点量

订货点量是指某原料的最低储存量（定期订货法中的期末需存量）。当原料从库房中陆续发出，使库存减少到订货点量时，该原料就必须采购补充。这时，订货数量为

$$订货数量=最高储备量-日均消耗量 \times 订货期天数$$

表 3-8　食品原料永续盘存卡

编号：

品名： 规格： 单价：		最高储存量： 订货点量：		
日期	订单号	进货量	发货量	结存量

六、订货异常情况的调整

餐饮经营必须不断努力收集各种资料数据，作为营业额预估、订货的依据，或作为管理上的指标，然而不可控制性永远是存在的，许多情况的发生事前是无法预知的，因此一个好的订货人员对异常情况必须具备高度的警觉性。

（1）每日检查短效期及重要原物料的盘存量、使用量与进货量，确定频率的正常性。

（2）异常发生后须尽量了解原因、追踪结果，并加以记录，作为未来参考的依据。

第七节　降低采购价格

餐饮原料的价格受诸多因素影响，通常价格的波动较大。影响餐饮原料价格的主要因素有：市场货源的供求情况；采购数量的多少；原料的上市季节；供货渠道；餐饮市场的需求程度；供货商之间的竞争以及气候、交通、节假日等。

面对诸多的影响因素，餐饮企业有必要对餐饮原料的采购价格实行控制。餐饮企业控制原料采购价格的途径主要有以下几个方面。

一、限价采购

限价采购就是对所需购买的原料规定或限定进货价格，一般适用于鲜活原料。当然，所限定的价格不能单凭想象，要委派专人进行市场调查，针对获得市场的物价行情进行综合分析，提出中间价。

二、竞争报价

竞争报价是由采购部向多家供货商索取供货价格表，或者是将所需常用原料写明规格与质量要求请供货商在报价单上填上近期或长期供货的价格，根据所提供的报价单，进行分析，确定向谁定购。

提醒您：

在确定供货商时，不仅要考虑到供货商供货的价格，还要考虑到供货商的供货信誉：如原料的质量、送货的距离以及供货商的设施、财务状况等因素。

三、规定供货单位和供货渠道

为了有效地控制采购的价格，保证原料的质量，可指定采购员在规定的供货商处采购，以稳定供货渠道。这种定向采购一般在价格合理和保证质量的前提下进行。在定向采购时，供需双方要预先签订合约，以保障供货价格的稳定。

四、控制大宗和贵重原料购货权

贵重食品的原料和大宗餐饮原料其价格是影响餐饮成本的主体。因此对此可以规定：由餐饮部门提供使用情况的报告，采购部门提供各供货商的价格报告，具体向谁购买必须由管理层来决定。

五、提高购货量和改变购货规格

根据需求情况，大批量采购可降低原料的价格，这也是控制采购价格的一种策略。另外，当某些餐饮原料的包装规格有大有小时，购买适用的大规格，也可降低单位价格。

六、根据市场行情适时采购

当有些餐饮原料在市场上供过于求、价格十分低廉且厨房日常用量又较大时，只要质量符合要求，可趁机购机储存，以备价格回升时使用。当应时原料刚上市时，预计价格可能会下跌，采购量应尽可能少一些，只要满足需要即可，等价格稳定时再添购。

 相关链接

采购收益计算

采购工作的关键是确保餐饮原材料的质量。在国外，有许多餐饮企业以原料质量与采购价格之比来评估采购效益。采购效益的计算公式为

采购效益＝原料质量评分÷采购价格

干辣椒的采购价格为12.50元/千克，其质量评分为80分，求干辣椒的采购效益。

干辣椒的采购效益＝原料质量评分÷采购价格

＝80÷12.50

＝6.4

如果经过调查，发现相同质量的干辣椒的价格仅为11.90元/千克，则其采购效益得以提高。

干辣椒的采购效益＝原料质量÷采购价格

＝80÷11.90

＝6.72

如果以相同的价格可以购入原料质量评分为85分的干辣椒，则也可提高采购效益。

干辣椒的采购效益＝原料质量评分÷采购价格

＝85÷12.50

＝6.8

因此，餐饮企业应在市场调查的基础上，定期测算购入餐饮原材料的采购效益，确保企业以最低的价格采购尽量优质的餐饮原材料。

04

第四章
食材仓储环节成本控制

引言

　　食品原料的储存管理，对餐饮成品的质量和企业的成本有着举足轻重影响。许多餐饮企业，对于食物仓库的管理不善，不是视若无睹，就是束手无策，形成物质的浪费和成本的负担。

第一节　食材验收管理

　　验收工作对采购、订货与使用单位来说，扮演着稽核把关的角色，依照正确的规定与程序执行验收工作，可使整个物料管理流程完美无缺，达到最佳的成本控制效益。

一、验收场所和设备的要求

　　验收的位置和场所的大小直接影响货物交接验收的效率及工作量。理想的验收位置应当位于货物入口与储藏室之间，和厨房在同一个区域，这样便于控制运到的食品，同时减少搬运距离和次数，使工作失误减少到最低程度。此外，验收常涉及许多发票、账单等，所以要有验收室，并配备一定的办公用具来处理这些事务。

　　验收人员为了有效地工作，应当有合适的设备，这里最要紧的是称重量必需的量器——磅秤。磅秤的称量范围要能满足验收所需，因此大小要合适，并两面可读；磅秤应精准，要放置在利于使用的位置，保证始终称量准确，始终处于工作状态。除了磅秤，还需其他一些设备，如开启箱、罐用的小刀和开刀，搬运用的推车，盛装用的网篮和筐箱等。

二、验收人员的要求

　　验收人员应接受过专门的训练，十分了解本餐饮企业采购食品的规格和标准，最好备有详细的食品采购规格书，对食品的质量能做出准确的判断。另外还必须熟悉餐饮企业的财务制度，懂得各种账单处理的方法和程序，并能正确地处理。

验收人员应具备优秀的素质，要能秉公验收，始终坚持按制度办理一切验收手续。同时还要有完成职责的能力，做到所验收接受的食品项目与发票、订购单相符，发票上开列的重量和数量与实际验收的食品相符，食品的质量与规格书相符，食品的价格与餐饮企业规定的限价相符。

三、验收品管的基本要求

验收品管的基本要求如图4-1所示。

要求一 包装

在所有收货品管的工作中，若该项货品有外包装，则首先须确定的是其包装的完整性，例如有无破损、挤压或遭开封过

要求二 气味

正常新鲜的食品都会有其特定的气味，验收时可从气味上判定其品质有无异变

要求三 色泽

也为判定物品品质的一个方式，验收人员可多学习这方面的专业知识

要求四 温度

食品类物料对温度差异的敏感度与要求很高，正确良好的低温配送与储存，对食品运送过程中的品质维持非常重要，故验收人员绝不可忽略验收时的温度检验

要求五 外观

此为验收工作最简单，但也是最重要的品管方式，观其外表即可大致确认其品质

要求六 口感

某些特定的可食性物料，用其他方式无法确知其品质时，试吃可能是最有效的品管方式

图4-1

要求七 > 制造标示

可为验收品管人员提供参考依据,但该项产品必须出自于较具规模与品牌形象的供应商,才具有参考价值

要求八 > 有效期限

有效期限的控制永远都是食品物料控制品质的重要方法之一,验收时有效期限的确认,必须和订货数量的预估使用期限相配合

图4-1 验收品管的基本要求

四、各类食材验收要领

(一)关于包装食品的验收

对于包装食品的验收,一是看配送的食品与公示的配供食品的品牌和规格是否相符。二是看食品包装和标签。观察外包装是否整洁干净,标签的字迹印刷是否清晰,是否完整正规,封口是否严实。若发现印刷质量差,字迹模糊不清,标注内容不全,没有生产日期等,则很可能是冒牌产品。同时还应注意该产品是否在保质期内。三是查内质,检查食品的色泽、状态、气味,观察其形状是否完整,有无异物。质量好的食品一般呈原料食品固有的自然、新鲜色泽,块形、大小基本一致,完整不松散。

具体包装食品的验收标准如下。

1.大豆油

一级大豆油质量指标:呈黄色至橙黄色,无气味、口感好,澄清透明,水分及挥发物不超过0.05%,不溶性杂质含量不超过0.05%,不得掺有其他食用油和非食用油,不得添加任何香精和香料。验收时要做到"七看、一闻、一听、一尝",如表4-1所示。

表4-1 大豆油验收的方法

序号	方法	具体说明
1	七看	(1)看标识,外包装上必须标明商品名称,看一看是不是本品牌的,再看包装上有没有生产日期、保质期,必须要有QS标志 (2)看包装,看其条形码是否印制规范,是否有改动迹象 (3)看色泽,正常颜色呈微黄色、淡黄色、黄色和棕黄色 (4)看透明度,透明度反映油脂纯度,看透明度是不是很好 (5)看有无沉淀物,高品质食用油无沉淀和悬浮物,黏度较小 (6)看有无分层,若有分层现象则很可能是掺假的混杂油 (7)看油状,取一个干燥洁净细小的玻璃管,插入油中堵好上口慢慢抽起,看油状,若呈乳白状,表明油中有水

续表

序号	方法	具体说明
2	一闻	即闻气味，不同品种的食用油虽然各有其独特气味，但都无酸臭异味
3	一听	即听声音，听食用油放在锅里加热时发出的声音，无响声者，是合格产品
4	一尝	即尝味道，口感带酸味的油是不合格产品

2. 面粉

特、一级面粉质量指标：色泽呈白色或微黄色，不发暗，无杂质的颜色；呈细粉末状，不含杂质，手指捻捏时无粗粒感，无虫子和结块，置手中紧捏后放开不成团。具有面粉的正常气味，无其他异味。味道可口，淡而微甜，没有发酸、刺喉、发苦、发甜以及外来滋味，咀嚼时没有砂声。

验收人员在验收时要做到"一看、二闻、三摸、四尝"，如图4-2所示。

一看	优质面粉色泽呈白色或微黄色，手捻捏时呈细粉末状，置于手中紧捏后放开不成团。低质、劣质面粉色泽暗淡，灰白或深黄色，发暗，色泽不均；手指捻捏时有粗粒感，生虫、有杂质、有结块、手捏成团；若过量添加增白剂，粉色呈灰白色，甚至青灰色
二闻	手中取少量面粉可闻到其气味，优质面粉无异味。微有异味、霉臭味、酸味、煤油味及其他异味的为低质、劣质面粉
三摸	优质面粉用手摸取时，手心有明显的凉爽感，握紧时成团。若久而不散则为面粉含水分过高
四尝	取少许面粉细嚼，优质面粉味道淡而微甜。微有异味，并有发酵、发甜、发苦等异味、有刺喉感，咀嚼时有砂声的为低质、劣质面粉

图4-2 面粉的验收要点

3. 食盐

食盐质量指标：白色、味咸，无可见的外来杂物，无苦味、涩味，无异臭。

4. 酱油

酱油质量指标：具有正常酿造酱油的色泽、气味和滋味，无不良气味，不得有酸、苦、涩等异味和霉味，不浑浊，无沉淀，无异味，无霉花浮膜。

5. 黄豆酱

黄豆酱质量指标：红褐色或棕褐色、鲜艳、有光泽；有酱香和酯香，无不良气味；

味鲜醇厚，咸甜适口，无酸、苦、涩、焦煳及其他异味；黏稠适度，无杂质。

6.味精

味精质量指标：无色至白色结晶或粉末，具有特殊的鲜味，无异味，无肉眼可见杂质。

7.鸡精

鸡精质量指标：具有原、辅料混合加工后特有的色泽；香味纯正，无不良气味；具有鸡的鲜美滋味，口感和顺，无不良滋味；形态可为粉状、小颗粒状或块状。

8.食糖

食糖质量指标：颜色洁白、无明显黑点、无异物、无异味、无异臭，水溶液清澈、透明，味甜。验收时要做到"一看、二闻、三尝、四摸"，如图4-3所示。

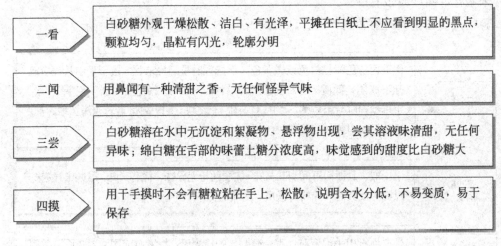

一看	白砂糖外观干燥松散、洁白、有光泽，平摊在白纸上不应看到明显的黑点，颗粒均匀，晶粒有闪光，轮廓分明
二闻	用鼻闻有一种清甜之香，无任何怪异气味
三尝	白砂糖溶在水中无沉淀和絮凝物、悬浮物出现，尝其溶液味清甜，无任何异味；绵白糖在舌部的味蕾上糖分浓度高，味觉感到的甜度比白砂糖大
四摸	用干手摸时不会有糖粒粘在手上，松散，说明含水分低，不易变质，易于保存

图4-3　食糖的验收方法

9.酵母

一级酵母质量指标：淡黄色至淡黄棕色，具有酵母的特殊气味，无腐败、无异臭味，不发软，不粘手，无杂质异物。

10.醋

食醋质量指标：具有正常食醋的色泽、气味和滋味，不涩，无其他不良气味与异味，无浮物，不浑浊，无沉淀，无异物，无醋鳗、醋虱。

验收人员验收时要区别一下真醋和假醋。真醋的颜色为琥珀色、红棕色或无色透明，有光泽，有熏香、酯香或醇香；酸味柔和，稍带甜味，不涩，回味绵长；浓度适当，无沉淀。假醋多用工业冰醋酸直接兑水制成，颜色浅淡，发乌，开瓶酸气冲眼睛，无香味；口味单薄，除酸味外，有明显苦涩味，有沉淀物和悬浮物。

验收人员可从以下几方面鉴别其质量：一看包装上是否有QS标志；二是看颜色，食醋有红、白两种，优质红醋要求为琥珀色、红棕色或黑莹色；三是闻香味，优质醋具有酸味芳香，没有其他气味；四是尝味道，优质醋酸度虽高而无刺激感，酸味柔和，稍有甜味，不涩，无其他异味。

11.麻油

麻油质量指标：一般呈橙黄至棕黄色，具有芝麻油固有的气味和滋味，无异味，油色允许变深，但不得有析出物。

12.料酒

料酒质量指标：浅琥珀色或红褐色的透明液体；具有醇香及料香，气味鲜美，略有咸味，无异味；澄清，透明，允许有少量聚集物。

13.腐乳

腐乳质量指标：红腐乳表面呈鲜红色或枣红色，断面呈杏黄色或酱红色；白腐乳呈乳黄色或黄褐色，表里色泽基本一致；滋味鲜美，咸淡适口，具有各自腐乳特有气味，无异味；块形整齐，质地细腻，无外来可见杂质。验收人员验收时要注意：使用塑料盖子的腐乳瓶，若有液体流出，则很可能已变质；使用金属盖子的腐乳瓶，若有胀盖现象，则很可能已变质。

14.挂面

挂面质量指标：色泽正常，均匀一致，气味正常，无酸味、霉味及其他异味，煮熟后口感不黏，不牙碜，柔软爽口。

验收过程中，首先，看标签标志。正规生产厂家的挂面包装上，应印有健全的标签，如厂名、厂址、电话、生产日期、保质期、品名等。但最主要的要有QS标志的产品。

其次，要看挂面的颜色和均匀度。如果是白挂面，它的颜色不能太白。同时，面体粗细要均匀，外层和内心都应该没有折断。

最后，闻气味。如果有酸味或其他异味表明是不合格食品。

15.烤肠

优质烤肠质量指标：肠体均匀饱满，无损伤，表面干净，密封良好，结扎牢固，肠衣的结扎部位无内容物，断面呈淡粉红色，组织紧密，有弹性，切片良好，无软骨及其他杂物，咸淡适中，鲜香可口，具固有风味，无异味。外包装必须注明生产日期，应在规定的保质期内。验收时如果发现肠衣上有破损的地方，则有可能已变质。

（二）关于散装食品的验收

对于散装食品，以下介绍几个品种。

1.大米

国标一级粳米质量指标：呈清白色或精白色，具有光泽，呈半透明状。大小均匀，坚实丰满，料面光滑、完整，很少有碎米，无虫，不含杂质（如沙石、色素等异物）。此类大米中混有其他类大米的总限度为5%，不完善粒≤4%，黄米粒≤2%，最大限度杂质≤0.25%，小碎米≤1.5%，水分≤15.5%。

验收时要做到"一看、二抓、三闻、四尝"，如图4-4所示。

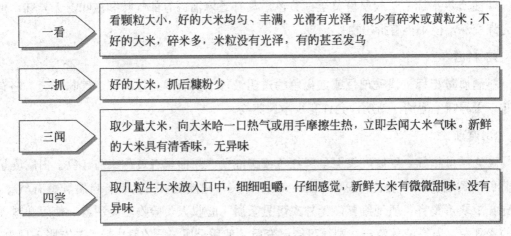

图4-4　大米的验收要点

2.蔬菜

蔬菜质量指标：外观正常，不能有腐烂霉变现象，有残留农药检测达标报告。不同蔬菜的验收标准如表4-2所示。

表4-2　不同蔬菜的验收标准

序号	蔬菜	验收标准
1	白菜	优质的白菜叶柄肥厚，叶端卷缩而互相结成球朵，分量重，无虫眼和黑斑。如果叶片顶端彼此分离而向外翻卷，则菜心处可能已经开始长苔
2	芹菜	枝梗挺直、色泽青翠、新鲜脆嫩，叶不枯萎变黄、未抽苔
3	萝卜	新鲜的萝卜外表光滑，色泽清新，水分饱满。如果表皮松弛或出现黑斑，则表明不新鲜
4	洋葱	以尚未发芽、捏起来坚实的为好。如果已经发芽，则中间多已腐烂，应当注意
5	马铃薯	薯块完整结实、表皮少皱纹、不出芽、不腐烂
6	青椒、番茄	果形完整匀称、果皮光泽亮丽、肉质青脆、无外伤或萎缩
7	茄子	外形完整、色泽紫红有光泽、有弹性、无外伤、果蒂未张裂
8	香菇	菇伞紧密、无水伤、肉质肥厚细嫩。菇面有时呈微褐色是正常现象，过于白色可能经漂白剂或荧光剂处理
9	南瓜	果皮鲜美完整、呈金黄色、无外伤
10	豇豆	颜色翠绿、表皮光滑、香脆细嫩
11	芋头	芋粒清洁、表皮干燥、棕纹明显、不蛀洞、不腐烂

续表

序号	蔬菜	验收标准
12	胡萝卜	形体圆直、表皮光滑、色泽橙红、不开叉、无须根
13	姜	嫩姜,块茎白、肥满、具粉红色鳞片;粉姜,茎肥满、表皮光滑完整;老姜,不枯萎皱缩、不腐烂
14	青葱、大蒜	球白质嫩、叶片绿色不枯萎、表面略有粉状,未抽苔、不腐烂
15	芽菜	以全株新鲜、叶片肥厚、茎粗大、幼嫩质脆、不枯萎、不老化者为宜
16	菠菜、莴苣、茼蒿	叶片完整、肥厚、鲜嫩、饱满,不抽苔开花、少病虫斑点

总体来讲,辨别蔬菜新鲜度主要应把握"望、闻、问、切"四个字,如图4-5所示。

望	看看蔬菜外观是否新鲜、色泽是否鲜艳
闻	闻一闻蔬菜是否有农药味或其他异味
问	问一问蔬菜的采购日期
切	亲手对蔬菜捏一捏,摸一摸,坚实、挺拔者多为好的品种

图4-5 辨别蔬菜新鲜度的方法

3.桂皮

桂皮质量指标:干燥、无虫蛀、无霉变、无异味、无污染、无杂质,具有该原料应有的色泽,天然芳香味或辛辣味。验收人员在验收时要区别一下真假,如图4-6所示。

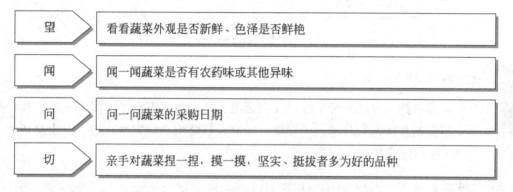

正品	外表面呈灰棕色,稍粗糙,有不规则细皱纹和突起物,内表面呈红棕色、平滑,有细纹路,划之显油痕,断面外层呈棕色,内层呈红棕色而油润,近外层有一条淡黄棕色环纹。气香浓烈,味甜、辣
伪品	外表面呈灰褐色或灰棕色,略粗糙,可见灰白色斑纹和不规则细纹理。内表面呈红棕色,平滑。气微香,味辛辣

图4-6 桂皮的真假区分

注意:受潮发霉的桂皮不可食用。

4.花椒

一等花椒质量指标:成熟果实制品,具有本品种应有的特征及色泽,颗粒均匀、身干、洁净、无杂质，香气浓郁、麻味持久，无霉粒、无油椒。闭眼、椒籽两项不超过5%，果穗梗小于或等于2%。验收人员在验收时要区别一下真假，如图4-7所示。

正品 ▶ 为2～3个上部离生的小骨朵果集生于小果梗上，每一个骨朵果沿腹缝线开裂，直径0.4～0.5厘米，外表面呈紫色或棕红色，并有多数疣状突起的油点。内表面呈淡黄色，光滑，内果与外果皮常与基部分离，气香，麻味而持久

伪品 ▶ 为5个小骨朵果并生，呈放射状排列，状似梅花。每一骨朵果从顶开裂，外表面呈绿褐色或棕褐色，略粗糙，有少数圆点状突起的小油点。香气较淡，味辣微麻

图4-7 花椒的真假区分

5.胡椒粉

胡椒粉质量指标：黑胡椒粉呈棕褐及灰黑混合色，白胡椒粉呈淡黄青灰色，黑白胡椒粉均具有新鲜刺鼻的辛辣气味，无异味，异味包括哈喇味和霉味，应具有本品所固有的正常色泽，无肉眼可见外来杂质。

6.虾皮

一级虾皮质量指标：光泽好、肉质厚实、壳软、片大且均匀、完整，基本无碎末和水产夹杂物，具有虾皮固有鲜香味，无异味、无外来杂质、无污染、无霉变、不牙碜、无色变现象、不发黏。

7.虾米

一级虾米质量指标：具有虾米固有色泽，肉质坚实，大小均匀，个体肥满光滑，虾体基本无黏壳、附肢，基本无虾糠，口味鲜香，细嚼有鲜甜味，无外来杂质，无霉变现象。

8.猪肉

猪肉质量指标：肌肉有光泽，红色均匀，脂肪呈乳白色，纤维清晰，有坚韧性，指压后凹陷立即恢复，外表微湿润，不粘手，具有鲜猪肉固有的气味，无异味，煮熟后肉汤澄清透明，脂肪团聚于表面。

验收人员在验收时要注意"瘦肉精"和"注水肉"。含有"瘦肉精"的猪肉特别鲜红，肌纤维比较疏松，猪肉的脂肪层很薄，通常不足1厘米，对有这类表象的猪肉产品，需要引起重视。要辨别是否为"注水肉"，可以把卫生纸贴在肉的切面上，没有明显浸润或稍有浸润的为没有注水的肉，若卫生纸明显浸润则肉质可疑。注水猪肉肌肉色泽变淡或呈淡灰红色，有的偏黄，显得肿胀。用指压来判断：鲜肉弹性强，经指压后凹陷能很快恢复；注水肉弹性较差，指压后不但恢复较慢，而且能见到液体从切面渗出。

另外，验收时要注意看猪肉是否经过检疫，经过检疫的猪肉盖有检疫合格印章。要当心猪囊虫、猪瘟、猪丹毒这三种病害猪肉。猪囊虫病猪的主要特征是，肌肉中有米粒至豌豆大小的脂肪样颗粒；猪瘟病猪肉的主要特征是，在肉皮上有大小不一的出血点，肌肉中也有出血小点；猪丹毒病猪肉的主要特征是，在肉皮上有方形、菱形、圆形及不规整形突出皮肤表面的红色疹块。

9.熟牛肉

熟牛肉质量指标：坚实而有弹性，脂肪呈白色或微黄色，透明，具有牛肉固有的气味和滋味，无黏液，无霉斑，无腐败，无酸臭，无其他异味。

10.鸡、鹅

禽产品质量指标：眼球饱满、平坦或稍凹陷，皮肤有光泽，肌肉切面有光泽，并有该禽固有色泽，外表微干或微湿润、不粘手，有弹性，肌肉指压后的凹陷立即恢复，具有该禽固有的气味，煮沸后肉汤透明澄清、脂肪团聚于表面，具固有香味。冻禽应解冻后观察，指标应符合以上要求。

配送的整鸡、整鹅一律按鲜鸡、鲜鹅标准和规格验收，对配送的冻鸡、冻鹅一律拒收。

11.水果

水果质量指标：外观正常，不能有腐烂霉变现象，有残留农药检测达标报告。不同水果的验收标准如表4-3所示。

表 4-3　不同水果的验收标准

序号	名称	标准
1	梨	果皮薄细、光泽鲜艳、果肉脆嫩、汁多、味香甜、无虫眼及损伤
2	苹果	果皮光洁、颜色艳丽、软硬适中、果皮无虫眼和损伤、肉质细密、酸甜适度、气味芳香
3	香蕉	香蕉以有褐色斑点"梅花蕉"为佳，但要留意与变坏的黑斑的区别。若皮稍青，香气不够，可放在密封胶袋焗一段时间即可
4	龙眼	龙眼剥开时果肉应透明，无汁液溢出，无薄膜包着，留意蒂部不应沾水，否则易变坏。用水洗过的龙眼均不能存太久

12.鸡蛋

鸡蛋质量指标：蛋壳清洁完整，灯光透视时整个蛋呈微红色，蛋黄不见或略有阴影。打开后蛋黄凸起完整并带有韧性，蛋白澄清透明，稀稠分明。

验收时要关注：鲜鸡蛋外壳有一层白霜粉末，手指摩擦时应不太光滑，当蛋不新鲜时，白霜就会脱落，变得很光滑。用手握住鸡蛋，对着光观察，好鸡蛋蛋白清晰，呈半透明状态，一头有小空室；而坏蛋呈灰暗色，空室较大，陈旧或变质的鸡蛋还有污斑。摇一摇，凝而不散的比较新鲜，蛋黄散的鸡蛋，多半不新鲜。

13.鱼

淡水鱼质量指标：体表有光泽，鳞片较完整，不易脱落，黏液无浑浊，肌肉组织致密有弹性，鱼鳃鳃丝清晰，色鲜红或暗红，无异臭味，眼睛眼球饱满，角膜透明或稍有浑浊，肛门紧缩或稍有凸出。

验收人员在验收时要区分正常的鱼和受污染的鱼，方法如图4-8所示。

观鱼形	污染重的鱼，形态异常，有的头大尾小，脊椎弯曲甚至出现畸形，还有的表皮发黄、尾部发青。然后看鱼眼，受污染的鱼眼浑浊，失去了正常的光泽，有的甚至向外鼓出
看鱼鳃	鳃是鱼的呼吸器官，大量的毒物可能蓄积在这里，有毒鱼的鱼鳃不光滑，较粗糙，呈暗红色。同时还要看鱼的鳞、鳍。被污染的鱼，鱼鳞异常，胸鳍、腹鳍不对称。辨别鱼体内是否有孔雀石绿，首先要看鱼鳞的创伤是否着色，受创伤的鱼经过浓度大的孔雀石绿溶液浸泡后，表面会发绿，严重的还长有青草绿色，而鱼鳍正常情况下应该是白色的，经孔雀石绿溶液浸泡过的鱼鳍也容易着色
闻鱼味	正常的鱼有明显的腥味，受污染的鱼则气味异常。由于毒物的不同，气味各异，有大蒜味、氨味、煤油味、火药味等，含酚量高的鳃甚至可以被点燃

图4-8　区分正常的鱼和受污染的鱼的方法

14.豆腐

豆腐质量指标：白色或淡黄色，有豆香味，无异味，块形完整，有弹性，质地细嫩，无石膏脚，无肉眼可见外来杂质。

验收人员在验收时要注意豆腐的颜色应该略带点微黄，如果过于死白，有可能添加了漂白剂。好的豆腐表面平整，无气泡，不出水，拿在手里摇时，无晃动感，可闻到少许豆香气。要求供应商配送到的豆腐全部为当天生产，如果发现豆腐不够新鲜，应拒收。

15.卜页

卜页质量指标：呈均匀一致的乳白色或淡黄色，有豆香味，味正、无异味，外形边缘整齐，厚薄均匀，厚度≤2毫米，有韧性、无杂质，不粘手。

16.豆腐干

豆腐干质量指标：形状完整，厚薄均匀，无焦煳，具有该产品特有的色泽和香味，无肉眼可见杂质。

验收人员在验收时要注意好的五香豆腐干表皮光洁，有光泽，呈褐色，有五香味，块形整齐，厚薄均匀，有韧性，对角慢慢对折不断。

17.干香菇

一级干香菇质量指标：菌盖呈淡褐色或褐色、或黑褐色，扁半球形稍平展或伞形，菇形规整，菌褶呈黄色，菌盖厚度>0.5厘米，虫蛀菇、残缺菇、碎菇体不超过2%，无异味，无霉变、腐烂，无虫体、毛发、动物排泄物、泥、蜡、金属等异物。

验收人员在验收时要注意香菇的菌盖厚的、完整的，以不全开启的为好；菌褶整齐细密的，菌柄短而粗壮的，边缘内卷、肥厚的为好。其验收标准如图4-9所示。

色泽	具有香菇特有的色泽，多为黄褐色或黑褐色，以色泽鲜明亮丽的为好。菌褶颜色以淡黄色至乳白色的为好
香味	具有浓郁的、特有的香菇香气。无香味，或有其他怪味、霉味的品质则差
含水量	干香菇要干燥，含水量以11%～13%为宜。不能太干，一捏就碎的，这样的品质不好。太湿不利于存放，易变质

图4-9　干香菇的验收要点

18.黑木耳

一级黑木耳质量指标：耳面呈黑褐色，有光亮感，朵背呈暗灰色，不允许有拳耳、流耳、流失耳、虫蛀耳和霉烂耳。朵片完整，含水量不超过14%，耳片厚度在1毫米以上，杂质不超过0.3%。

验收人员在验收时可从四个方面检验，如图4-10所示。

眼看	凡朵大适度，耳瓣略展，朵面乌黑但无光泽，朵背略呈灰白色的为上品；朵稍小或大小适度，耳瓣略卷，朵面黑但无光泽的属中等；朵形小而碎，耳瓣卷而粗厚或有僵块，朵呈灰色或褐色的最次
手捏	通常优质的黑木耳含水量较少，取少量样品，手捏易碎，放开后朵片能很好伸展，有弹性，说明含水量少；反之则过多
口尝	纯净的黑木耳口感纯正无异味，有清香气；反之则多为变质或掺假品。常见掺假品用明矾水、碱水浸泡或用食糖水拌匀，可用口尝有无涩味、碱味、甜味加以鉴别
水泡	朵体质轻，水泡后胀发性大的属优质；体稍重，吸水膨胀性一般的为中等；体重，水泡胀发性差的为劣质

图4-10　黑木耳的检验要点

19.紫菜

紫菜质量指标：呈方、圆形片状或其他不规则状，干燥均匀，无霉变，颜色呈褐色或黑褐色，具有紫菜特有光泽、气味与滋味，无异味，无霉味，无正常视力可见的外来机械杂质，但允许有少量的硅藻、绿藻等杂藻。

验收人员在验收时可从图4-11所示三个方面检验。

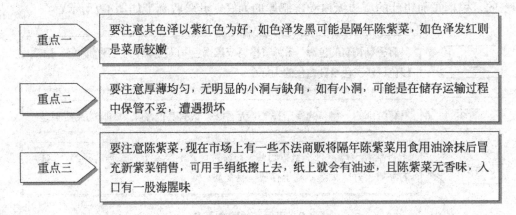

重点一 ▷ 要注意其色泽以紫红色为好，如色泽发黑可能是隔年陈紫菜，如色泽发红则是菜质较嫩

重点二 ▷ 要注意厚薄均匀，无明显的小洞与缺角，如有小洞，可能是在储存运输过程中保管不妥，遭遇损坏

重点三 ▷ 要注意陈紫菜，现在市场上有一些不法商贩将隔年陈紫菜用食用油涂抹后冒充新紫菜销售，可用手绢纸擦上去，纸上就会有油迹，且陈紫菜无香味，入口有一股海腥味

图4-11　紫菜验收的三个方面

在此基础上，验收时可从感官上进行观察，注意是否有霉变，包装是否结实、整齐美观，包装上是否标明厂名、厂址、产品名称、生产日期、保质期、配料等内容。

20.鱼丸

鱼丸质量指标：具有鱼丸固有的滋味，有弹性，不发黏，无异臭，无杂质，煮汤较清，不浑浊。

21.粉丝

粉丝质量指标：色泽洁白，有光泽，呈半透明状，丝条精细均匀，无并丝，手感柔韧，有弹性，复水后柔软、滑爽，有韧性，无外来杂质。

验收员在验收时可以遵循"一看、二闻、三摸、四尝"的方法，如图4-12所示。

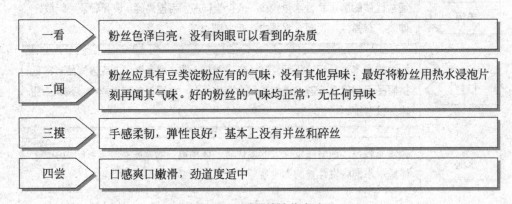

一看 ▷ 粉丝色泽白亮，没有肉眼可以看到的杂质

二闻 ▷ 粉丝应具有豆类淀粉应有的气味，没有其他异味；最好将粉丝用热水浸泡片刻再闻其气味。好的粉丝的气味均正常，无任何异味

三摸 ▷ 手感柔韧，弹性良好，基本上没有并丝和碎丝

四尝 ▷ 口感爽口嫩滑，劲道度适中

图4-12　粉丝的验收方法

五、收货过程中运用的表单

(一) 收货单

一般来说,所有原料都随带发货单和发票运送,副本经餐饮企业验收人员签字后,由送货人带回供货单位;正本应加盖收货章,由验收人员、食品管理员及会计部门有关人员签字,说明原料已经按质按量及合适的价格购进入库,同意付款。

一张收货单要求四位不同的人员签字,其目的是,它有助于餐饮企业日后检查该项原料(物品)是何年何月何日收妥的。经手人签字,表明谁负责验收这批原料及处理所有单据,表明原料的数量、质量和价格都已经过核对;管理员签字,表明他已经得到这批货物已收妥待用的通知;单价及小计核审签字,表明食品成本控制员已经认可该原料应付款项的正确性;而同意付款签字,说明了这批原料物品的采购过程已正式结束。

(二) 鲜货类食品原料双联标签

由于肉类、禽类、鱼类等鲜货类食品的成本往往可占餐饮企业食品成本的一半以上,因此对这些原料成本严加控制非常必要。使用双联标签便是适用于这种控制的一项简便方法。

在鲜货类原料正式入库之前,验收人员应该给每一件原料挂贴双联标签,填写各栏内容。但对直接进料,即收货后立即送往厨房当天消耗的原料,并不需要使用双联标签。

双联标签上、下联的内容填写必须完全相同,只留发货日期不填,填妥后,将下联撕下,交给食品成本控制员保管。日后当该原料从仓库发出时,上联由厨师长或管理员交到食品成本控制员处,这时,这批原料的整个双联标签都到了成本控制员手中,他便可以计算当天的食品成本。

(三) 进货日报表

餐饮企业每日所进的食品原料及物品必须登录在进货日报表上,其目的在于区分当日进货中哪些是直接进料,哪些是仓库进料,哪些是杂项进料。

1.直接进料

直接进料是指当日进货不经过仓库储存,直接运至厨房,当日予以消耗,其成本记入当天的食品原料的成本。

2.仓库进料

仓库进料是指当日进货送至仓库、冰库储藏以备后用,其成本记入原料储备价值,待日后该原料从仓库发出并消耗时,方记入该天食品成本的原料。

3.杂项进料

杂项进料是指餐饮企业厨房用的其他物品,如消毒品、清洁剂等,它们当然不能作食品成本。但杂项进料栏还可用于填写餐饮企业其他部门(如酒吧)所需的食品原料,以示区分。

如果有的原料其中一部分须立即交送厨房使用，另一部分得入库储存，那么应该按实际分配比例，将其成本分成两部分，分别填入直接进料和仓库进料栏下。

由此可见，进货日报表的主要目的是成本控制，是为了财务部计算餐饮企业当天的食品成本。如果验收人员不填写进货日报表，也不分直接进料、仓库进料和杂项进料，只将一天内收到的所有货单、凭据交给会计入账，那么将无法正确统计当天的食品成本。

六、验收的程序

（一）依据订购单或订购记录检查进货

在这个程序中，首先，必须核实收受的项目是否与订购单相符，凡未办过订购手续的食品不予受理，这样可避免不适用的食品进入库存。其次，要核实食品的质量是否符合规定的质量标准，为使验收既高效率又准确无误，验收人员应备置一份采购规格书，帮助验核对照，而不至于凭猜测办事，保证食品的质量与规格书相符，不符质量要求的食品不予受理，对有怀疑的食品应请厨师长来判断。

（二）根据发票来检查食品

通常供货发票是随同食品一起交付的。发票是付款的重要凭证，供货单位送来或自己购运回来的食品数量是发票开具的内容，据此可核实食品的数量和规格，核实的方法是过秤称量。对有外包装的食品，即使没有必要称重的，也须清点数目；计质量的包装食品仍需过秤，核实是否与包装上标明的食品毛重相符；对易腐食品必须逐一清点过秤，凡超出规定的规格或质量范围标准的食品则不能接收。如果经过称重存在数量不足的情况，应填写餐饮企业规定的凭单来调整发票上的数量和总价。如果由于某些原因，发票未随货一起送到，可开具餐饮企业印制的备忘清单，注明收到食品的数量等，在正式发票未送到之前，便以此单暂时充当入账凭据。

（三）受理货品

当完成前两个程序后，验收人员应在送货发票上签字并接收货品。有些单位根据经营要求设计出发票讫章，用于所有进货发票的验签。收讫章可包括收货日期、数量、价格、总金额、验收等项，加盖印记后，验收人员再签名。收受验收后，食品就由仓储人员负责，而不再由采购员或送货单位负责了，这一点验收人员在接收时应清楚。

（四）送库储存

验收后的食品由于质量和安全方面的原因，需及时送入库内存放（尤其是易腐食品）；如需厨房接收的，应及时通知厨房来领取。食品入库时，应有专门人员搬运，不应随便请人搬运。送入库的食品还应该贴上标签，以帮助有关人员盘点存货和了解库存周转情况。

（五）填写有关报表

填写进货日报表，并将所有发货单、发票（或有关单据）和进货日报表及时送交财务部门，以便登记结算。

七、验收时常见的问题

验收品管人员严格执行其工作，确实对餐点品质的提升有直接帮助，但是当验收过程中发现品质不良或规格数量不符时，也应有正确的作业规定。

（一）数量不符时

数量不符可能是太多了，也有可能是不足。当太多时，则多出的数量应拒收，请送货人员带回，单据上填写实际收货数量；若不足时，应即刻通知订货、采购、仓管及使用单位各相关人员做必要的处置。另外须注意的是，一旦发生验收数量短少时，要确实做到一笔订货单对应一次收货动作，再补货时，则须视为另一笔新订单，如此才能确保账面与实际物料的正确性，以及减少人为的疏失与弊端。

（二）品质不符时

当品质不符时，非食品类可采取退货方式处理，若为非适合久储的物品，可与送货人员确认后请其带回。因为品质不符退回原供应商而产生数量的不足，可请订货或采购员重新补订货。

八、坏品及退货处理

（一）坏品处理

食材或用品由于品质不良、储存不当、制备过程错误或其他因素，造成腐败、过期、毁损等，致产生坏品，应由各使用单位依事实随时填报，并由所属单位主管负责查证并签名，购入时价由会计组查填，并做相关账务处理。

（二）退货处理

餐饮企业由于其采购及验收的程序严谨，在验收过程当中，一发现不当或瑕疵品即予拒收，所以退货的情形不多见。

不过如果因为储存管理不良或销售预估错误，造成某类食材数量太多或即将到期，餐厅大都会以推出特餐或改变制备方式来促销，作为应对措施。如牛排销路不佳，师傅便可将其蒸热剁碎做成牛绒浓汤，随餐附赠客人，或加强促销牛排特餐，以降低牛排逾期报废的耗损。

餐厅对于退货的解决办法是强化采购、验收、储存及损耗管理，杜绝坏品、不良品的产生，退货自然无法发生。

第二节　食材储存过程中成本措施

食品原材料一经验收，必须进行有效的保管，以防止腐烂变质和其他可能发生的浪费现象。在小型餐饮企业，采购、储存一般由一个部门负责，而在大、中型餐饮企业，采购由采购部负责，食品原料的储存和发放则专门设立一个仓储部门来负责。

据统计，一家中等规模的餐厅，每月销售额在100万元左右，如果没有对食品原料存货进行很好的控制，初步估计成本浪费为1%以上，也就是一个月至少浪费1万元，而厨房作为餐厅的核心部门，也是利润的创造部门，厨房要生产优质的、实惠的餐饮产品，离不开对食品原料存货的有效控制。

对于各位餐饮从业人员，都知道餐厅每天生意都具有一定的不确定性，餐厅厨房菜品销售，不能严格地按照标准的计划订单来生产，因此，掌握一套有效的厨房存货控制方法，对餐厅成本控制至关重要。

为使储存工作达到促进经营的目的，必须对储存的质量问题、安全问题、储存量的控制问题以及发料环节的控制问题加以考虑，因此要对储存工作的要求和方法进行指导。

一、储存管理的成本目标

储存管理的最主要目的在于避免因为偷窃、盗卖或腐坏而遭致货品损失。

（一）偷窃

偷窃是一种犯罪行为。将一部货车开到餐厅后门，未经过允许将储藏室内昂贵的食品、酒与设备取走就是偷窃。严格地管制钥匙，限制某些特定的人才能取得钥匙，并且随时将储藏室上锁，这是预防偷窃的最好方法。

（二）盗卖

盗卖指的是内部员工的不法行为，而且是餐饮企业最感头痛的问题。偷几罐胡椒粉、芥末酱或几个烟灰缸，或者是在工作时偷吃，都属于这一类不法行为。依据统计，3/4的存货短少是因为员工的盗卖行为产生的。

（三）腐坏

腐坏的控制较偷窃与盗卖的限制容易得多。避免食品发生腐坏的方法包括轮换存货，使旧货首先出清，提供各类货品适当的储存环境，以及严格的消毒。

此外，举例来说，要将气味重、会释放化学物质的物品隔离存放，例如，鲜鱼不能与奶油存放在一起，清洁用品须与食品存放在两个截然下同的环境。当然，也要经常保持存放空间的清洁，定期擦拭储藏货架与地面。

二、餐饮食品原料仓库要求

（一）食品储存区域要求

餐饮原料的仓库每天要接收存储和分发大量的食品等原料。但是，不少餐饮企业对仓库的设计工作却不太重视，如允许其他部门占用仓库面积，或各个食品仓库相隔很远，甚至分散在各个不同的楼面，因而影响仓储控制工作。在仓库设计工作中需考虑的因素主要有以下几方面。

1.仓库的位置

从理论上看，仓库应尽可能位于验收处与厨房之间，以便将食品原料从验收处运入仓库及从仓库送至厨房。在实际工作中，由于受建筑本身的限制，往往不易做到这一点。如果一家餐饮企业有几个厨房，且位于不同的楼层，则应将仓库安排在验收处附近，以方便、及时地将已验收的食品原料送到仓库，可以减少原料被"顺手牵羊"的可能性。一般而论，食品仓库被设计在底楼或地下室内。

2.仓库面积

确定仓库面积时，应考虑到餐饮企业的类别、规模、菜单、销量、原料市场的供应情况等因素。菜单经常变化，仓库面积就应大些。远离市场，进货周转较长的仓库就要比每天都能进货的企业的仓库大一些。如果喜欢一次性大批量进货，就必须有较大面积的储存场地。

仓库面积既不能过大，也不应过小。面积过大，不仅增加资本支出，而且会增加能源费用和维修保养费用。此外，人们往往喜欢在仓库放满物品，因此仓库过大，可能会引起存货过多的问题；如果仓库没有放满食品原料，空余的场地就有可能用来堆放其他用品，各类存货增多，进出仓库的人数也增加，会影响安全保卫工作。仓库面积过小，也会引起一系列问题：不少食品原料只能露天堆放，仓库的食品原料堆得满满的，仓库保管员既不易看到、拿到，也不易保持清洁卫生。

（二）温度、湿度和光线要求

几乎所有食品饮料对温度、湿度和光线的变化都十分敏感。不同的食品饮料在同一种温度、湿度、光线条件下的敏感程度又不一样，因此不同的食品饮料应存放于不同的储存库之内，并给予不同的温度、湿度及光线条件，使其始终处于最佳待食用状态。

1.温度要求

不同仓库的温度要求如表4-4所示。

表4-4　不同仓库的温度要求

序号	仓库名称	温度要求
1	干藏库	最好控制在10摄氏度左右，当然15～22摄氏度也是普遍被接受的温度

续表

序号	仓库名称	温度要求
2	冷藏库	（1）冷藏的主要作用是防止细菌生长。细菌通常在10～50摄氏度之间繁殖最快，因此，所有冷藏食品都必须保存在10摄氏度以下的冷藏间里 （2）由于食品的类别不同，就有存放对象不同有冷藏间，其对应的冷藏温度也各异 ① 肉类的冷藏温度应在0～2摄氏度之间 ② 水果和蔬菜冷藏温度应在2～4摄氏度之间 ③ 乳制品冷藏温度为0～2摄氏度之间 ④ 鱼的最佳冷藏温度应在0摄氏度左右 （3）存放多种食品的冷藏库只能采用折中方案，将温度平均调节在2～4摄氏度之间
3	冷冻库	温度一般须保持在-18～24摄氏度之间

2.湿度要求

食品原料仓库的湿度也会影响食品存储时间的长短和质量的高低。不同的食品原料对湿度的要求是不一样的（表4-5）。

表4-5　不同仓库的相对湿度要求

序号	仓库名称	温度要求
1	干藏库	（1）干藏食品库的相对湿度应控制在50%～60%之间；如果是储存米、面等食品的仓库，其相对湿度应该再低一些 （2）如果干藏库的相对湿度过高，就应安装去湿干燥装置；相对湿度过低，空气太干燥，应使用湿润器或在库内泼水
2	冷藏库	（1）水果和蔬菜冷藏库的相对湿度应在85%～95%之间；肉类、乳制品及混合冷藏库的相对湿度应保持在75%～85%之间 （2）相对湿度过高，食品会变得黏滑，助长细菌生长，加速食品变质；相对湿度过低，会引起食品干枯，可在食品上加盖湿布，或直接在食品上泼水
3	冷冻库	应保持高相对湿度，否则干冷空气会从食品中吸收水分。冷冻食品应用防潮湿或防蒸发的原料包好，防止食品失去水分及脂肪而变质发臭
备注	（1）所有食品仓库均应避免阳光的直射。仓库的玻璃窗应使用毛玻璃。在选用人工照明时，应尽可能挑选冷光灯，以免由于电灯光热，使仓库的室内温度升高 （2）储存仓库应保持空气流通。干藏室最好每小时换四次空气。冷藏间和冷冻室的食品不要靠墙存放，也不要直接放在地板上或堆放到天棚上，以利空气流通	

⊘ 提醒您：

　　不少餐厅的仓库是暖气管、排水管交接的场所，致使仓库温度过高或由于水管冷凝作用产生滴水，影响库房湿度，破坏原料的储藏环境。

（三）清洁卫生要求

干藏库和冷藏库的地板及墙壁的表面应经受得起重压，易于保持清洁，并能防油污、防潮湿。

食品仓库的高度至少应该是2.4米。如果使用空调，仓库里就应有充足的压力通风设备。仓库内应有下水道，以便清洗冰箱，擦洗墙面和地板。

食品仓库在任何时候都应保持清洁卫生。企业应制定清洁卫生制度，按时打扫。食品仓库里绝对不可堆放垃圾。

干藏库同样应每天清扫，特别是要注意角落和货架底下的打扫。食品仓库里绝对不可堆放垃圾。

干藏库要做好防虫、防鼠工作。墙上、天棚上和地板上的所有洞口都应堵塞住，窗口应安装纱窗。如果暖气管和水管必须穿过仓库的墙壁，管子周围应填塞、堵住。在杀虫灭鼠工作中，仓管人员应请专家指导，以便正确使用杀虫剂和灭鼠毒药。

三、储存与仓管的原则

（1）依物品的特性储存，可分冷冻（-18摄氏度）、冷藏（4摄氏度）、室温等，而厨房也根据需要，采取盐渍、糖渍等方式储存物料。

（2）依盘点顺序储存。盘点工作为存货管理中重要的一环，储存位置与盘点工作相结合，可节省很多管理的时间，并增加盘点的正确性。

（3）储存位置应固定，并标示清楚，最好标明配置图，如此可方便操作人员的工作。

（4）储放货品时，应不接地，不靠墙，不挤压，不妨碍出入及搬运，不阻塞电器开关、急救设备与照明设备，也不可阻塞或影响空调及降温的循环。

（5）在存货管理上，先进先出是最基本的要求，但往往却因为使用人员的疏忽而造成不必要的损失。若要确实达到先进先出的目的，仓管人员必须做到进货翻堆，在新货品入库时，必须调整储位，让使用人员依序取用。

（6）依实际需要设立备品库。所谓备品库，是指在主仓库以外，设立一个小型、可储存当日所需的小仓库。较大规模经营的餐厅，为方便库存管理，减少作业程序，可在营业现场或厨房设一个小型储存空间，每日由使用单位领取一日所需的物料，这对使用单位来说，是一极为方便且有效的方式。

四、储存工作的全过程管理

在储存工作中，合理的储存规范、有效的安全控制、严格的记账程序是加强管理的基本要求。据此，从储存工作的全过程提出如下具体要求。

（一）订货要求

订货是储存工作中的首项任务。食品的采购数量是由仓储和厨房的订货来完成的。

如果仓储的订货超过生产的需要量，那么这些食品必然会在库中长期储存，时间延长就会引起食品的变质和损耗。适当的订货量可防止超量采购和储存，所以订货应严格按餐饮企业所决定的最高库存量和最低库存量范围执行。如果发现规定的某些食品库存量不能周转使用而长期储存在库中，保管人员应及时提供这方面的信息，以便使管理者立即采取措施加以调整，尽量加快食品在储存过程中的周转，既保障供应，又保证储存质量，避免不必要的损耗。

（二）入库要求

购置回来的食品有许多都是易腐食品，时间延误会使食品质量降低或变质，所以必须及时入库储存，以免造成损失。另外，众多的食品不及时入库，还有散失的可能。入库的食品应贴上标签，注明入库时间、数量、单位和总价值等，这样不仅利于领用发放、盘存清点，而且容易知晓食品在库中的储存时间。同时，还要做好入库账目登记。在放置时，新入库的食品应放置于存货的下面或后面，以便在发放时实行先进先出的原则。

1. 及时入库、定点存放

购入原料经验收后应及时运送至适宜的储存处，在储存时，各类原料、每种原料应有固定的存放位置，以免耽搁而引起不必要的损失。存货登记卡见表4-6。

表 4-6   存货登记卡

月	日	凭证		摘要	收入			发出			结存		
		名称	号码		数量	单价	金额	数量	单价	金额	数量	单价	金额

2. 及时调整原料位置

入库的每批次原料都应注明进货日期，按先进先出的原则发放原料，并及时调整原料位置，以减少原料的腐烂或霉变损耗。

（三）存放要求

应根据食品的不同性质和储存的时间要求，将食品存放在不同温度的环境中。通常储存库分为干货库、冷藏库、冷冻库三种类型。各种干货和罐头制品一般存入干货库；

各种蔬果和短时间存放的食品存入冷藏库；而各种冷冻食品和需储存较长时间的食品应存入冷冻库。储存中要时刻关注库温情况，尽量使其保持恒定。

存放中易被忽视却又是影响质量的重要因素是湿度。干货库的相对湿度应控制在50%～60%之间，不得超过70%，同时通过各种措施保持良好的通风，这样既可保证适当的湿度，又有了干净新鲜的空气。空气流动对食品储存是有利的。对容易散发气味的食品与易吸收气味的食品，应隔开存放，避免相互串味而降低使用价值。

仓库保管员应定时检查并记录干货仓库、冷藏室、冷库及冷藏箱柜等设施设备的温湿度，以保证各类原料在适宜的温湿度环境下储存。仓库检查表见表4-7。

表4-7　仓库检查表

时间	检查情况	正常	不正常	检查人

（四）清扫要求

食品储存在干净的仓库中，可有效地防止各种污染。如霉菌经常散布在空气里，发霉的食品取走后还会污染其他食品；放置在货架上的腐败食品会污染食品和货架，当取走后，其他食品上架就会受到污染。因此随时清洁货架，按期对整个仓库区域进行常规性的清洁是十分必要的。具体清洁措施如下。

（1）对储藏库每天进行整理；冷藏库每周清洗一次。

（2）放置于货架上的带汁食品应用盘盛放。

（3）发现腐烂、变质食品应立即取走，并将被污染了的存放地点清洗干净。

（4）每天清扫地面，用消毒液拖地，定期清洗墙壁、货架等设备。

（5）专人负责杀虫灭鼠。

（6）当储存的数量降到最低时，及时安排人员清扫、除霜。

（7）经常对储藏库进行卫生检查，并应规定卫生标准。

（五）食品储存的安全要求

食品库好似银行的保险库，存放在货架上的食品就好比"现金"，因此为确保食品安全，必须加强储存中的安全控制。防范措施如表4-8所示。

表 4-8　食品储存安全防范措施

序号	措施	具体说明
1	配备专用锁系统	对储存区域配备专用锁，在规定的开放时间内才能打开，仓管员一离开就应当上锁。价格昂贵的食品应锁于特别的小间或仓库的分隔间内。钥匙由专人负责，不得随便放置或请人代劳开启。工作结束后上锁，钥匙应放入一个用印章密封的封套里，交由安全部或有关部门保管，拿取和存放钥匙应有登记手续。在紧急需要时，只有获得授权的人才能领取钥匙开门。另外应备有一套同样的钥匙存放在保险柜中，以备特殊情况时使用。钥匙丢失应立即报告，不得随便配制钥匙
2	限制仓库进出人员	除仓储人员外，仅允许有关负责人进入，无论何时，其他人员未经许可均不得进入仓库。仓库只能有一个进出的门，领货人员和送货人员随便进入仓库的做法是不妥的
3	定期盘点	通过定期盘点和核对账目，可清楚地掌握库存数量的实际情况，以便及时发现或避免不安全因素
4	剩余食品应及时回收入库	厨房生产中，每天都会有销售后剩余的半成品和成品，当工作结束后都应该把这些食品收入库（或箱）中妥善保存，并应上锁防窃
5	加强监控	在具有闭路电视监控系统的餐饮企业中，可采用这种系统监视储存区域的活动情况；在通常的餐饮企业中，可采用人工巡视检查。还要作出有关规定，如食品不许从进货后门拿出，食品出门应有出门证明，以及不允许将任何食品拿至与之无关的区域等，以此来监控

（六）账目要求

食品储存应有明确的登记制度，要能反映食品在入库、发放、存货三方面的时间、数量、价格和价值等情况，它将有利于控制存货量、决定订货量、计算发货量、确定成本。具体做法按会计记账制度执行。

五、食物原料储存正确降低损耗

一般来说，食品原料储藏可以分成两大部分，即干藏和冷藏。仓库用于干藏那些不需要低温保鲜的干货类食品原料，冷冻及冷藏设备用于储藏冷冻食品原料及冷藏鲜货类食品原料。

（一）干货原料的储存

1.堆放位置的确定

干藏仓库原料分类的目的在于保证每一种原料都有其固定的堆放位置，从而便于操作和管理，常见的仓储与货架的设计如图4-13所示。一般是将原料按属性分类，指定堆放地方，然后将属于同一类的各种原料，按照名称部首笔画或拼音字母顺序，堆放在固定的位置。

有些餐厅只要求根据各类原料的使用频繁程度，在仓库内选定合适的位置。每种原料定位堆放，固然要比胡乱堆放或混杂堆放占用较大的面积，但却带来管理上和使用上的便利。例如，取用原料时不必到处寻找，而且管理员可以很容易地掌握与控制每种原料的储存量。

(a)良好方式　　　　　(b)最佳方式　　　　　(c)典型方式

图4-13　常见的仓储与货架的设计

2.干货原料的储存要点

干货原料的储存要点如图4-14所示。

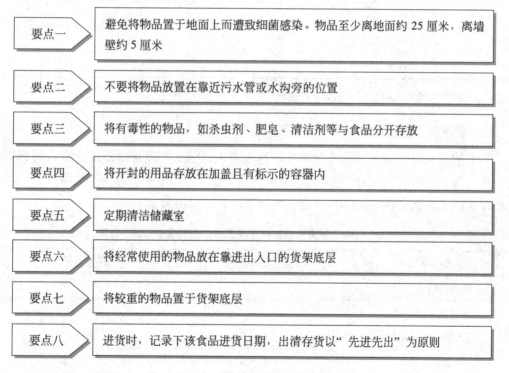

要点一	避免将物品置于地面上而遭致细菌感染。物品至少离地面约25厘米，离墙壁约5厘米
要点二	不要将物品放置在靠近污水管或水沟旁的位置
要点三	将有毒性的物品，如杀虫剂、肥皂、清洁剂等与食品分开存放
要点四	将开封的用品存放在加盖且有标示的容器内
要点五	定期清洁储藏室
要点六	将经常使用的物品放在靠进出入口的货架底层
要点七	将较重的物品置于货架底层
要点八	进货时，记录下该食品进货日期，出清存货以"先进先出"为原则

图4-14　干货原料的储存要点

（二）食物原料的冷藏

使用食品原料冷藏设备的主要目的，是以低温抑制鲜货类原料中微生物和细菌的生长繁殖速度，维持原料的质量，延长其保存期限。餐厅常用的冷藏设备包括各种厨房冰箱以及常与冰库相连的冷藏室等。

1.需要冷藏处理的食物原料

需要冷藏处理的食物原料一般不外乎各种新鲜海产、肉类、新鲜蔬果、蛋类、奶制品，以及各种已经加工的成品或半成品食品原料，如加工待用的生菜、水果、各种甜点、各种调料、汤料等。

2.冷藏容量

冷藏容量当然也应根据企业种类、营业量、服务方式、各种原料的消耗比例、所用原料种类、进料情况、剩菜处理方法等因素来决定。但是，在一般情况下，海产品、肉类应占总容量的1/3，新鲜蔬菜等占1/3，奶制品占1/6，剩菜及其他占1/6。餐饮店应根据此比例及具体情况，选购不同规格和用途的冷藏设备，如表4-9所示。

表 4-9　各类食品最小冷藏容量表

每日供应餐数	冷藏容量/立方米
75～150	0.6～1
151～250	1～1.5
251～350	1.5～2
351～500	2～3

注：最小冷藏容量不包括饮料、酒类、冷冻食物的存储。

3.冷藏温度、湿度要求

不同的食品原料有不同的冷藏温度、湿度要求，因此，理想的做法是将各种原料分别冷藏。通常，10～49摄氏度最适宜细菌繁殖，在餐饮服务中被称为"危险区"。因此，所有冷藏设备的温度必须控制在10摄氏度以下，如表4-10所示。

表 4-10　各类食品原料冷藏温度、相对湿度要求

食品原料	温度/摄氏度	相对湿度/%
新鲜肉类、禽类	0～2	75～85
新鲜鱼、水产类	-1～1	75～85
蔬果、水果类	2～7	85～95
奶制品类	3～8	75～85
厨房一般冷藏	1～4	75～85

湿度过高有利于细菌生长，加速食物质变；湿度过低则会引起食物干缩。在干藏仓库内，当湿度过低时，可以用水盆盛水，使其蒸发以增加空气中水分，但此法在冷藏室中并不灵验，而应当以湿布遮盖食物以使其不致干缩。

4.冷藏食品的储存要求

冷藏食品的储存要点如图4-15所示。

要点一	经常检查冷藏室温度，各类食品适宜的冷藏温度：新鲜蔬菜为7摄氏度或以下；乳类、肉类为4摄氏度或以下；海鲜为-10摄氏度或以下
要点二	不要将食品直接置于地面或基座上
要点三	安排定期清洁冷藏室时间表
要点四	在进货时，记录下该食品进货日期，出清存货以"先进存出"为原则
要点五	每日检查水果及蔬菜是否有损坏的
要点六	将乳品与气味强烈食品分开存放，鱼类与其他类食品也要分开存放
要点七	建立冷藏设备的维修计划

图4-15 冷藏食品的储存要点

（三）食物原料的冷冻

越来越多的餐饮企业喜欢用冷冻食品原料，包括各种冷冻肉类、禽类、水产海鲜、蔬菜等原料，以及已加工的成品和半成品食物。因而，食品原料的冷冻储藏也将显得越来越重要。食品原料的冷冻储藏一般应在–18 ～ 23摄氏度之间。

1.冷冻的速度

原料冷冻的速度越快越好，因为快速冷冻下，食物内部的冰结晶颗粒细小，不易损坏结构组织。

2.食物冷藏及冷冻的安全期

任何食品原料都不可能无限期地储藏，其营养成分、香味、质地、色泽都将随着时间逐渐流失和降低。即使在0摄氏度以下的冷冻环境中，食物内部的化学变化依然继续发生。例如，在–12摄氏度时，豌豆、青豆等原料在不到2个月的时间内就会发黄，并丧失其香味。有个规则是，冰库的温度每升高4摄氏度，冷冻食物的保存期限就会缩短一半，所以食物的冷冻也须注意安全的保存期间，具体要求如表4-11所示。

表 4-11　食物冷藏及冷冻的安全期

食品种类 ＼ 保存期间		开封前		开封后	
		温度/摄氏度	期间	温度/摄氏度	期间
乳制品	牛奶	7以下	约7日	7以下	1～2日
	人造奶油	7以下	6个月	7以下	2周内
	奶油	7以下	6个月	7以下	2周内
	干酪	7以下	约1年	7以下	尽早食用
	铁罐装婴儿奶粉	室温	约1年半	常温	约3周
	冰激凌制品	约25	—	—	尽早食用
火腿香肠类	里脊火腿	3～5	30日以内	7以下	7日以内
	成型火腿	3～5	25日以内	7以下	5日以内
	香肠（西式）	3～5	20日以内	7以下	5日以内
	切片火腿	3～5	20日以内	7以下	5日以内
	培根	3～5	90日以内	常温	立即使用
水产加工类	鱼肉香肠、火腿（高温杀菌制品、水活性调制品）	室温	90日以内	7以下	1～2日
	鱼糕（真空包装）	7以下	15日以内	7以下	7日以内
	鱼糕（简易包装）	7以下	7日以内	7以下	3日以内
冷冻食品	鱼贝类	约18以下	6～12个月	常温	当日使用
	肉类		6～12个月		
	蔬菜类		6～12个月		
	水果		6～12个月		
	加工食品		6个月		

3. 冷冻食物的储存要点

冷冻食物的储存要点如图4-16所示。

| 要点一 | 立即将冷冻食品存放在-18摄氏度或更低温的空间中 |

| 要点二 | 经常检查冷冻室温度 |

| 要点三 | 在所有食品容器上加盖 |

要点四	冷冻食品包好，避免食品发生脱冻现象
要点五	必要时应进行除霜以避免累积厚霜
要点六	预定好开启冷冻库时间，避免多次进出浪费冷空气
要点七	在进货时，记录下该货品进货日期，食品出库时，以先进先出为原则
要点八	经常保持货架与地面清洁
要点九	建立冷冻设备的维修计划

图4-16 冷冻食物的储存要点

冷冻食物解冻时也要注意适当的方法，如表4-12所示。

表4-12 几种常用的解冻方法

解冻方法	时间	备注
冰箱中的冷藏室解冻	6小时	适用于时间充裕时，以低温慢速解冻
室温解冻	40～60分钟	视当天气温而定
自来水解冻	10分钟	时间不充裕时用，但必须用密封包装一起放入水中，以防风味及养分流失
加热解冻	5分钟	用热油、蒸汽或热汤加热冷冻食品，非常快速，若想解冻、煮熟一次完成，即加热的时间要延长些
微波烤箱解冻	2分钟	按不同机型的要求进行解冻

4.保质期管理

酒水、饮料、香烟等都有一定的保质期，有些物料保质期短，所有仓储必须有标签，并规定一定的保存预期，如饮料保质期前若干天必须处理。某酒店曾发生一起投诉，原来客人在早餐就餐时，喝到的饮料是当天到期的，虽然最终酒店没有任何损失，但却给客人留下了极为不好的印象。

5.建立报损丢失制度

对于原料变质、损坏、丢失制定严格的报损制度，如对餐具等制定合理的报损率，若超过规定，部门必须分析并说明原因，且与奖金考核挂钩。

第三节　发放成本控制

食品原料发放管理和目的，一是保证厨房用料得到及时、充分的供应；二是控制厨房用料数量；三是正确记录厨房用料成本。发放控制的目的是按营业需要发放与需求符合的原料规格和数量，从源头上来控制成本支出。仓库应设立签字样本，特别是贵重物品要专人领用。仓库管理人员做好原料出入的台账登记工作，这样可以很明显地看到每日经营情况与原料领出的数量比。

一、定时发放

为了使仓库保管人员有充分的时间整理仓库，检查各种原料的情况，不至于每天忙于发原料，耽误其他必要的工作，应作出领料时间的规定，如上午8～10时，下午2～4时。仓库不应一天24小时都开放，更不应任何时间都可以领料，如果这样，原料发放难免失去控制。同时，只要有可能，应该规定领料部门提前一天送交领料单，不能让领料人员立等取料。这样，仓库保管人员便有充分时间准备原料，免出差错，而且还能促使厨房做出周密的用料计划。餐饮材料领用汇总见表4-13。

表4-13　餐饮材料领用汇总

年　　月　　日

材料类别	金额	领用部门	金额
一、水产			
二、肉类			
三、禽蛋			
四、乳品			
五、蜜饯			
六、干货			
七、珍品			
八、调味			
九、罐头			
十、粮油			
十一、腌腊			
十二、水果			
十三、软饮料			
十四、酒水			
十五、卷烟			
……			
合计		合计	

二、原料物资领用单使用制度

为了记录每一次发放的原料物资数量及其价值，以正确计算食品成本，仓库原料发放必须坚持凭领用单（领料单）发放的原则（表4-14）。领用单应由厨房领料人员填写，由厨师长核准签字，然后送仓库领料。仓库保管人员凭单发料后应在领用单上签字。原料物资领用单须一式三份，一联随原料物资交回领料部门，一联由仓库转财务部，一联作仓库留存。正确、如实记录原料使用情况。

餐厅厨房经常需要提前准备数日以后所需的食物，例如一次大型宴会的食物往往需要数天甚至一周的准备时间，因此，如果有原料不在领取日使用，而在此后某天才使用，则必须在原料物资领用单上注明该原料消耗日期，以便把该原料的价值记入其使用的食品成本。

表 4-14　原料物资领用单

领用部门：　　　　　　　　　年　　月　　日　　　　　　No.

品名	规格	单位	请领数	实发数	金额	备注
合计						

领料人：　　　　　　　　　厨师长/部门主管：　　　　　　　　　仓库保管员：

三、内部原料调拨的处理

大型旅游餐厅往往设有多处餐厅、酒吧，因而通常会有多个厨房。餐厅之间、酒吧之间、餐厅与酒吧之间不免发生食品原料的互相调拨转让，而厨房之间的原料物资调拨则更为经常。

💿 提醒您：

为了使各自的成本核算达到应有的准确性，餐厅内部原料物资调拨应坚持使用调拨单，以记录所有的调拨往来。

调拨单应一式四份，除原料调出、调入部门各需留存一份外，一份应及时送交财务部，一份由仓库记账，以使各部门的营业结果得到正确的反映（表4-15）。

表 4-15　内部原料物资调拨单

调入部门：　　　　　　　　　　　　　　　　　　调出部门：

　年　　月　　日　　　　　　　　　　　　　　　　No.

品名	规格	单位	请领数	实发数	金额	备注
合计						

第四节　存货盘存与计价

仓储工作中，除了保持食品原料的质量，做好安全保卫工作之外，还应保存完整的书面记录，即对食品原料的价格进行记录，以便了解存货成本、存货数量等。科学的存货记录是建立有效的成本控制体系的基础。

一、存货盘存

服务齐全的餐饮企业有上百种食品原料要清点，建立一个精确的盘存方法是非常重要的，盘存方法视企业类型、业务量的不同而不同。常见的盘存制度有两种：永续盘存制和实地盘存制。其他还有开放式储藏室、存料卡和双重存料卡等。

（一）开放式储藏室

对小型企业来说，大多只设一个开放的储藏室。尽管有一名人员负责货物的订购和盘存，但并不对每天的到货和发出货物进行登记。采用这种方法常会由于偷盗和用完而发生缺货，也可能由于非正常情况下的消耗或疏忽造成缺失，为避免这种情况发生，可使用存料卡或双重存料体系。

（二）存料卡

在存料卡上一般标明最低的存货水平，以防止货物用完，因为进行盘存的人在订购之前可检查存货是否在所规定的标准以下。其他员工从储藏室领取食品原料时，若发现存货降至标准以下，也要向管理人员报告。但在业务繁忙时，他们常会忘记注意存货是否缺乏或忘记向管理人员报告，如果没有人负责检查存货到达什么水平，这个体系就是无效的。这种体系只适合于小型企业，只能允许有限的人进入储藏室。

（三）双重存料卡

在这种方法下，要对重要的食品原料进行两重存货，一重适合于所有允许接触货物的人；另一重是用于任何时候都应存放的数量以防紧急需要。使用这种方法时管理阶层自然要注意正常的存货何时用完，以免出现紧急采购。

在实践生活中，员工要进入储藏室补充供给，发现供给不合理就要报告给管理人员存货已经用完了。对所有的货物都采取双重存货在实际中很难办到，所以只是选择那些许多人都使用的货物，并且不占用很大的空间，像佐料、大头针、布袋和搅拌器等应放在加锁的箱子里，只有班次的负责人才可以使用钥匙。

（四）永续盘存制

永续盘存制主要是指设置专门的仓库保管员，由他们负责存货的分发和保持存货记录，保证食品原料的合理的供给。永续盘存制要求使用"允许盘存表"（表4-16）或"永续盘存卡"，逐笔记录由于食品原料的验收和领料而发生的存货数量及金额的增减变化。永续盘存制具有图4-17所示的特点。

特点一	便于掌握采购动向。永续盘存表上的"再订购点"表明再次进货的时间
特点二	防止进货过多或过少。可以通过永续盘存表上的余额和最高储量计算出"再进货数量"，即表明需进货的食品原料数量
特点三	随时了解存货数量
特点四	有助于了解实际存货与记录上的差异。永续盘存表上记录的食品原料的余额即"应有数量"应该和"实际数量"（实际盘存）一致，通过比较便于发现两者的差异
特点五	有助于贯彻"先进先出"的原则。查阅永续盘存表便于发现存放时间较长的食品原料，以便尽快安排这些食品原料的使用

图4-17 永续盘存制的特点

表 4-16　永续盘存表

永续盘存表编号：1234

品名：　　　　　　　　最高储存量：
规格：　　　　　　　　再订购点：
单价：

日期	订单号码	收入	发出	结余
日期				（承前）
1/12	#637-43		10	60
2/12			8	52
3/12			11	41
4/12			12	29
5/12		132	10	151
6/12				
7/12				
8/12				

但是，永续盘存法若用手工操作的话，要花大量的时间和成本，尤其是价值很低的罐头食品和乳制品。永续盘存法的计算机系统极大地简化了记录、采购、发料和订购，计算机软件也能使任何规模的餐饮业在合理的成本基础上获得必需的设备。

（五）实地盘存制

实地盘存制是通过实地观察，即通过点数、称重或计量的方法来确定存货数量。

实地盘存一般情况下是每月一次，如果需要也可以增加次数。盘存应由非保管人员来参与，大型企业是财务部派人来盘存。实地盘存工作由两人进行比较方便，例如由储藏室主任和食品控制员两人负责。一人清点货架上每种食品原料的实际数字，另一人对记录上的（例如永续盘存表）余额与实物进行核对，提高盘存的效率。

货架上的每种食品的实际数应与盘存表上的结余数一致，若不一致，应在盘存之后检查有关发票和领料单，找出原因，调整实物数与永续盘存表上的差异。

在盘存那天，如果食品原料已经入库，但永续盘存表上尚未记录，或永续盘存表上已记录发票上的信息，而食品原料尚未入库，也会引起实物数与结余数之间的差异。在盘存那天领发料，也有产生账实差异的可能性。因此，盘存工作应在当天入库和领发料工作结束之后进行。

实地盘存后可填写如表4-17那样的存货清单。

实地盘存的主要目的如图4-18所示。

表4-17 存货清单

年　　月　　日　　　　　　　库号

货号	品名	单位	数量	单价元/箱	金额/元	备注
H2-7	3#番茄酱罐头	箱	15	29.00	435.00	
H2-8	2#金针菇罐头	箱	3.5	28.00	98.00	
H2-9	1#蘑菇罐头	箱	5.0	30.00	150.00	
H2-10	2#青豆罐头	箱	6.5	24.00	156.00	
				合计	839.00	

目的一	确定存货价值，以表明库存量是否合适，存货总价值是否与企业的财政政策相应
目的二	比较一定时间内实际库存价值和记录上的书面价值，发现差异
目的三	列出流转速度的食品原料项目，采购人员和厨师长应注意那些不再需要而仍留在仓库里的食品原料，制定特别菜肴，在变质之前争取全部出售或退给供应商
目的四	比较食品原料的消耗和销售情况，以确定食品成本率
目的五	防止损失和偷窃

图4-18 实地盘存的主要目的

（六）库外存货盘点

1.库外存货

为确保营业收支表的正确性，不能只在食品仓库内盘点库存，因为许多企业每日在厨房中结存价值量很大的库存物质，比如尚未使用或尚未使用完的食品原料；还有像汤、酱汁和其他照菜单准备的各种菜肴的半成品等，这种情况平时有，月底也存在。另外，已领用而尚未用完的东西，如调味品、酱汁、饮料等，在楼面也会有，这些东西都是库存的一部分，因此，月底也要盘点。这部分库存，一般称为库外存货。

为了正确盘点库外存货，每样东西都应该清点、记值，并计入食品库存盘点清单。如某种食品已和其他食品合并而制成另外一种食品（如汤和酱汁），盘存有困难时，可请厨师长帮助估价盘点。

2. 库外存货的盘点时间

库外盘存不需要每月盘点，可每季度进行一次，季中各月的库外存货可以估计，具体数值可以低于或高于季度实际盘存数，一般情况下，库外存货的估计数不要每月变动为好，占采购资金比例较大的是肉类、禽类、海鲜类等主要食品。因此，只要取得这些主要项目盘存数，以此为依据，就可以将每月的仓库食品盘存总数予以调整。

假如上个月的库外食品盘存数是5400元，其中肉禽类和海鲜类占2500元，下个月盘存中的肉禽和海鲜类数是2750元，比上月增加10%，在这一点上，有两种可能，一是下个月全部仓库食品盘存数比上个月增加10%，即5400+5400×10%=5940（元）；二是除肉禽和海鲜类外，其他食品没有增加，这样下个月的仓库外食品盘存数为2750+2900=5650（元）。

上述两种情况的盘存数相差90元，这个数字的大小会影响到食品成本率的大小。那么，对于这两种计算方法如何选择呢？假如，当月的肉禽和海鲜类盘存数增加的原因是因为市价上涨了，那么应该采用第一种计算方法；反之，如果这些盘存数的增加是因为盘存数量增加了，那么采用第二种计算方法比较合适。

另外，还要考虑到的情况是，一般月终盘存日如果是星期五，而为了周末营业准备，往往进货较多，所以，盘存数较大；相反，月终盘存日如果在星期一或假期结束后，则盘存数就比较小。在正常情况下，库外存货也应控制在相当于一天用量的标准。如全月的食品消耗是30000元，每天1000元，则库外存货额应控制在不高于1500元。

（七）盘点中其他注意事项

小型餐饮企业，大多数时间仓库中存货并不会太多，可以采用定期盘点的方法。餐饮部要定期做好二级仓库的盘存，一般每半个月要进行一次。通过盘存，明确重点控制哪些品种，采用何种控制方法，如暂停进货、调拨使用、尽快出库使用等，从而减少占用库存资金，加快资金周转，节省成本开支。

餐饮企业要根据当前经营情况，合理设置库存量的上下限，每天由二级厨房仓管人员进行盘点控制，并做到原材料先进先出，保证原料的质量。对于一些淡季滞销的原料、酒水等，要及时通过前台加大促销，避免原料过期造成浪费。

在原料发放环节，应实行发放控制，其目的是按营业需要发放与需求相符的原料规格和数量，从源头上控制成本支出。仓库应设立签字样本，特别是贵重物品要专人领用。仓库管理人员要做好原料出入台账登记工作，这样可以很明显地看到每日经营情况与原料领出的数量比。

仓库中的酒水、饮料、香烟等都有一定的保质期，有些物料保质期短，所有仓储必须有标签，并规定一定的保存预期，如饮料保质期前若干天必须处理。

此外，对于原料、烟酒的变质、损坏、丢失，要制定严格的报损制度。如餐具应制定合理的报损率，超过规定，部门必须说明原因，并与部门考核挂钩。

在每天"小盘点"的基础上，仓库还要进行月底盘存。盘存是一项细致的工作，是各项数据分析的基础。首先一个原则是先对实物后对账；其次是要盘存在库的原材料数量，更要细致盘点在用的食品原材料数量；再次是要盘存在库饮料、在用饮料酒水。

二、存货计价方法

实地盘存工作中确定了各种食品原料的存货数量之和，要计算各种食品原料存货的数额，即单价和存货量的乘积。然后把各种食品原料的存货额相加，就可得到本期期末存货总额。但是每次进货的单价可能不完全相同，因此，要计算各种食品原料的存货数额，首先要确订单价。

（一）确定存货单价的方法

确定存货单价的方法有五种，如图4-19所示。

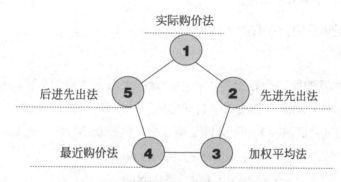

图4-19 确定存货单价的方法

1.实际购价法

实际购价法是以存货实际的购价作为单价，若食品原料入库时就标明实际购价，将存货量与标明的单价相乘，便得出金额。

2.先进先出法

先进先出法是假定期末存期是最近采购的，而销售成本是最先采购的。这样期末存货价值是由最后几次购价计算的。

3.加权平均法

加权平均法是根据多次采购的价格和采购数量为权数计算出一个平均价格，计算加权平均价格的方法是，先计算期初存货数量和各次数量与各次单位购价的乘积，再求出乘积之和，然后除以本期可动用食品原料数量，就得出加权平均价格。以此价格乘以期末存货便得到期末存货价值。

4.最近购价法

最近购价法是指期末存货价值用最近一次购价计算。

5.后进先出法

后进先出法是假定所计算的食品成本是最近成本，而期末存货数额则由最早的几次单位购价决定。

例如，某餐厅在4月份购进2#金针菇罐头，各次购进的单价和价值见表4-18。

表4-18 某餐厅购进罐头的单价和价值

4月1日月初结存100听×2.40元/听=240元 4月6日购进180听×2.45元/听=441元 4月16日购进180听×2.50元/听=450元 4月26日购进100听×2.55元/听=255元
合计560听1386元

（二）计算库存原料单价的方法

计算库存原料单价的方法有如下几种。

1.实际进价法

如果企业在库存的原料上挂上库物标牌，标牌上写有进货的单价，那么采用实际进价计算领料的原料单价和库存物资的单价就比较简单也最合理。

假如上述餐厅4月底结存120听金针菇罐头中，根据货物标牌，它们的进价分别为

$$20听×2.45元/听=49.00元$$
$$40听×2.50元/听=100元$$
$$60听×2.55元/听=153元$$

合计302元。

2.先进先出法

如果不采用货物标牌注明价值，金额按照货品库存卡进料日期的先后，采用先进先出计价法。先购进的价格，在发料时先计价发出，而月末库存则以最近价计价。

在上例中若以先进先出法计价，金针菇罐头的月末存货额为

$$100听×2.55元/听=255元$$
$$20听×2.50元/听=50元$$

合计305元。

3.后进先出法

由于市场价格呈增长趋势，采用后进先出法可使记入餐饮成本的原料价值较高，而记入库存存货的价值较低，这样出现在经营情况表上的经营利润会偏低，可少交所得税，按后进先出法，月末金针菇罐头的库存额为

$$100听×2.40元/听=240元$$

$$20\text{听} \times 2.45\text{元}/\text{听} = 49\text{元}$$

合计289元。

采用后进先出法计价，在实际发料时，还是将先进的货先发出去，只是价值的计算采用后进先出法。

4. 平均价格法

如果企业储存的原料数量较多，其市场价格波动也较大，采用上述方法计价太复杂时，可采用平均价格法。平均价格是将全月可动用原料的总价值除以总数量计算出单价，上述例子中金针菇罐头的平均价格为

$$1386\text{元} \div 560\text{听} \approx 2.48\text{元}/\text{听}$$

月末金针菇罐头的库存额为

$$120\text{听} \times 2.48\text{元}/\text{听} = 297.6\text{元}$$

平均价格法需要计算可动用原料的全部价值和平均价格，比较费时，所以应用不广泛。

5. 最后进价法

如果企业不采用货物标牌，也无货品库存卡反映各次进货价格，为方便计算库存额，可采用最后进价法。最后进价法是一律以最后一次进货的价格来计算库存的价值，这种方法计价最简单。如果库房没有一套完整的记录制度，或者为了节约盘存时间，可采用最后进价法。当然最后进价法计算的月末库存额不太精确，往往会偏高或偏低。上述例子的库存若以最后进价法计价，其价值为

$$120\text{听} \times 2.55\text{元}/\text{听} = 306\text{元}$$

用上述五种方法计价，会使月末库存额的价值不一，企业要根据财务制度和库存管理制度确定一种计价方法，并统一按该计价法计算，不得随意变动。

三、账面存货和实际存货的比较

通过实地盘存可能发现实际存货和账面存货有差异，形成差异的原因可能是多样的，主要有：

（1）填写错误；

（2）入库原料未记账，记了账的原料还未入库；

（3）盘存时发料；

（4）坏损和偷窃。

使用验收日报表和领料单以记录每天的存货数额，在月底和实际盘存数进行比较，就可以发现账面存货和实际存货的差异。这项工作可以使用表4-19所示的"食品储藏室存货控制"来进行。

表 4-19　食品储藏室存货控制　　　　　　　　　　单位：元

日期	期初存放	储藏室进货	储藏室发料	期末存货
1	2242.10	163.20	58.00	2347.30
2	2347.30		110.30	2237.00
3	2237.00	158.00	182.0	2211.00
4	2211.00	42.10	107.60	2145.5
…	…	…	…	…
…	…	…	…	…
31	2406.20	118.70	42.20	2482.70
31	2482.70	90.20	116.00	2456.90
	合计	3612.40	3397.80	

月末实际存货：2440.90
差额：16.00

2月初存货应当和1月底实际存货相同，每天储藏室进货数额应根据"验收日报表"中储藏室这一栏的数字填写；储藏室发料是所有发料金额之和。要计算每天期末账面存货数额，只需用昨天期末（即今天期初）账面存货数额加上今天储藏室进货数额再减去今天储藏室发料数额。如果每天进行计算，月底那天的期末账面存货数额就是本储藏室期末存货数额。

如果不是每天计算，可采用下列公式确定账面存货数额。

期初存货＋进货＝可动用存货总额－发料＝期末储藏室账面存货数额

存货账实差额经常会发生，其中有些原因是可以原谅的，例如领料成本计算错误，不是用实际购进计算存货价值等，但是由于保管不善导致食品原料变质以及偷盗等造成的差额是不能容忍的。存货账实差额不应超过本月发料总额的1%，若超过，食品成本控制师应查明原因，并采取必要的措施将差额控制在标准内。

尽管所有管理人员都试图通过适当的流转将食品原料变质减少到最低限度，但仍会存在自然变坏和收缩。为核算成本，在食品仓库管理人员的报告上专门设一栏变质和收缩数，调节账面数字以反映实际盘存数。最简单的办法是要求食品保管人员在一张领料单上填入变质的食品原料项目，见表4-20。

表 4-20　坏损报告单

时间：		填写人：
项目	金额/元	原因
3听番茄酱	5	发霉
1瓶醋	1.5	摔破

四、物品周转速度

(一) 存货周转率

存货周转率是确定食品原料存货水平的一个指标。食品原料的存货量不宜过大，否则将造成资金积压，增加利息开支，影响资金的充分利用；但库存量也不能过小，否则会发生短缺。食品原料存货周转率是控制食品原料库存量的有效办法。

餐厅一般在月底实地盘存时计算存货周转率，计算公式如下。

$$月存货周转率 = \frac{本月食品成本}{月平均存货数额}$$

其中

$$月平均存货额 = \frac{期初存货 + 期末存货}{2}$$

例如，某餐厅2月份食品成本为3000元，月初存货为800元，期末的存货为700元，则为：

$$该餐厅的月存货周转率 = \frac{3000}{\frac{800+700}{2}} = 4(次)$$

按行业传统，一般食品库存周转率为每月2～4次，这样发生食品库存物资脱节的现象就会减少到最低限度，同时，资金也可以不受超额的积压，而得以充分利用。

有些餐厅的食品库存周转率低于2，比如，开设在偏僻地的旅游餐厅，每月进货一次，因此，不得不保持一个较大的食品库存量。而有些餐厅的食品原料，每天都由供应商分送，可以不需要保持库存量，因而库存周转可以达到30。总之，餐厅每天根据自己的实际情况来规定一个合理的周转率，以保证生产活动的正常进行。

(二) 物品的周转时间

以一定时间内的平均储存额与周转物品的消耗额来说明平均库存物品周转一次所需要的时间，物品周转时间越短，表明周转速度越快。

周转时间的计算如下。

$$周转时间 = \frac{平均库存额}{原料消耗额}$$

仍以讨论库存周转率时的餐馆为例：

$$周转时间 = \frac{\frac{700+800}{2}}{3000} = 0.25$$

即平均每一周左右资金周转一次。

> **提醒您：**
>
> 　　餐厅原料的发放工作不仅仅是把货从库中提出供生产使用，而且是对发出用于生产的食品原料进行控制的过程。所以，对食品原材料的发放进行有效的控制和管理有三个目的：保证厨房生产的供应、控制厨房用料的数量、正确记录厨房用料成本。

　　食品原料入库有先后之分，具有不同的价格。为求成本计算的一贯性，必须执行统一的存货计价办法。存货计价可选用上述方法中的任何一种，具体采用哪种计价方法，通常由总会计师决定。一旦决定采用哪种方法，就不得随意改变。当然若购价始终不变，企业就没有选择上述种种计价方法的必要性，用上述五种方法计算的存货数额是一样的。

　　经验表明，食品存货的价值等于每周消耗的食品原料价值的1.5倍。如果某餐饮企业每周消耗的食品原料价值为10000元，存货价值就应为15000元。这个数值考虑了存货突然用完和订货与交货之间一段时间所需要的数量的价值。

05

第五章
食品生产加工环节成本控制

引言

　　食品成本是否能得到有效管理和控制，关键在于对食品过程中的成本控制。本章主要介绍厨房管理体系中各个环节的成本控制方法，以期管理者能够规范初加工人员的操作，提高原材料净现率与出成率，从而掌握在食品生产过程中进行成本控制的方法和技巧。

第一节　粗加工环节成本控制

　　食品加工的第一道工序是食品原料的粗加工，而食品原料出成率，即净料率的高低直接影响到食品原料的成本。所以提高食品原料粗加工的出成率，就是提高粗加工的净料率，降低损耗。提高食品原料粗加工的出成率，主要应该抓好科学组织加工、合理的加工操作和加工方法等环节，做到分档取料，注意节约，精心加工和精心操作，使其物尽其用，把食品原料的损耗降低到最低水平。

一、粗加工环节对成本的影响

（一）影响原料出成率的重要环节

　　粗加工过程是影响原料出成率的重要环节，有四个因素会影响原料出成率，如图5-1所示，这四个环节中的任一环节出现疏忽，都会直接对原料出成率产生影响。

| 影响一 | 原材料质量 |

以土豆为例，如果土豆个大又圆，用刮皮刀将外层土豆皮刮掉后，其出成率可以达到 85% 以上。如果原料个小或外观凹凸不平，其出成率可能就只有 65%。因此，原材料质量在整体出成率的影响中占 25%，如果原材料质量不理想，就会产生 25% 的损耗率

| 影响二 | 粗加工厨师技术 |

（1）粗加工厨师技术是很重要的影响因素。粗加工厨师的技术水准，即对原料的特点、秉性的了解程度、操作熟练程度，也就是对原料的认知程度
（2）粗加工厨师技术在影响整体出成率因素中也占有 25% 的比例。也就是说，如果粗加工厨师技术不过硬，将损失 25% 的原料

| 影响三 | 加工工具优劣 |

刀和砧板是粗加工厨师使用的两个主要加工工具
（1）砧板中间凹凸不平、周围破裂以及刀不锋利等，都会给粗加工厨师造成很大麻烦，无论多么熟练的粗加工厨师，面对不尽如人意的工具，其技巧都很难得到发挥
（2）加工刀具一定要锋利，长短、宽窄都要恰到好处，而且要根据宰杀对象的特征挑选合适的工具，使粗加工厨师使用起来得心应手

| 影响四 | 科学的加工方法 |

（1）科学的加工方法是指预先规划好先从何处下手，到何处终结，中间需要几个步骤，做到下刀比例以及深浅程度都合适，从而实现加工完成后，不造成浪费。如剔一只鸡，应从鸡肋下手剔第一刀，最后一刀由腿骨收尾
（2）加工方法对出成率的影响为 25%

图5-1　影响原料出成率的四个因素

只有这四种因素均达到最佳状态时，加工后的出成率才能达到理想状态。

（二）掌握好粗加工可提高毛利5%左右

根据实际经验，掌握好出成率可以将毛利提高5%，如果原本是月均200万元的总收入，可以提升10万元的毛利。

二、保证粗加工的出成率

（一）蔬菜粗加工的出成率

粗加工厨师根据不同蔬菜种类和烹饪规定使用标准，对蔬菜进行择、削等处理，如择去干老叶子、削去皮根须、摘除老帮等。对于一般蔬菜择除部分可按规定出成率进行。部分蔬菜类食材出成率如表5-1所示。

表 5-1 部分蔬菜类食材出成率

毛料品名	净料处理项目	净料		下脚料、废料损耗率/%
		品名	出成率/%	
白菜	除老叶、帮、根，洗涤	净菜心	38	62
菠菜	除老叶、根，洗涤	净菜	80	20
时令冬笋	剥壳、去老根	净冬笋	35	65
时令春笋	剥壳、去老根	净春笋	35	65
无叶莴苣	削皮、洗涤	净莴苣	60	40
无壳茭白	削皮、洗涤	净茭白	80	20
刀豆	去尖头、除筋、洗净	净刀豆	90	10
蚕豆、毛豆	去壳	净豆	60	40
西葫芦	削皮、去籽、洗涤	净西葫芦	70	30
茄子	去头、洗涤	净茄子	90	10
冬瓜、南瓜	削皮、去籽、洗涤	净瓜	75	25
小黄瓜	削皮、去籽、洗涤	净黄瓜	75	25
大黄瓜	削皮、去籽、洗涤	净黄瓜	65	35
丝瓜	削皮、去籽、洗涤	净丝瓜	55	45
卷心菜	除老叶、根，洗涤	净卷心菜	70	30
		净菜叶	50	50
芹菜	除老叶、根，洗涤	净芹菜	70	30
青椒、红椒	除根、籽，洗涤	净椒	70	30
菜花	除叶、梗，洗涤	净菜花	80	20
大葱	除老皮、根，洗涤	净大葱	70	30
大蒜	除老皮、根，洗涤	净大蒜	70	30
圆葱	除老皮、根，洗涤	净圆葱	80	20
山药	削皮、洗涤	净山药	66	34
青、白萝卜	削皮、洗涤	净萝卜	80	20
土豆	削皮、洗涤	净土豆	80	20
莲藕	削皮、洗涤	净莲藕	75	25
蒜苗	去头、洗涤	净蒜苗	80	20

（二）活禽粗加工的出成率

根据不同活禽类别与制作菜品的不同质量规格需求，活禽粗加工的出成率如表5-2所示。

表 5-2　部分家禽类食材出成率

毛料品名	净料处理项目	净料		下脚料、废料损耗率/%
		品名	出成率/%	
光统鸡	分档整理，洗涤	净鸡 其中 　鸡肉 　鸡壳 　头脚 　胗肝	88 43 30 11 4	12
毛统鸡	宰杀，去头、爪、骨、翅、内脏	熟白鸡	55	45
	剔肉	鸡丝	35	65
	宰杀，去头、爪、内脏	鸡块	50	50
毛笨鸡	宰杀，去头、爪、内脏	净鸡	62	38
野鸡	宰杀，去头、内脏，洗净	净野鸡	75	25
野鸭	宰杀，去头、内脏，洗净	净野鸭	75	25
光鸭	宰杀，去头、内脏、洗涤	熟鸭	60	40
光鸡	煮熟，整理分档	净鸡 其中 　胗肝 　肠 　脚 　带骨肉	94 8 3 8 75	6
鸭胗	去黄皮垃圾，洗涤	净胗	85	15
活公鸡	宰杀，洗涤，分档	净鸡	67	15
		胗、肝、心、脚、腰等	18	
活母鸡	宰杀，洗涤，分档	净鸡	70	13
		胗、肝、心、脂肪、脚等	17	

（三）淡水鱼类粗加工的出成率

部分淡水鱼类食材出成率如表5-3所示。

表 5-3 部分淡水鱼类食材出成率

毛料品名	净料处理项目	净料		下脚料、废料损耗率/%
		品名	出成率/%	
鲤鱼、鲢鱼	宰杀，去鳞、鳃、内脏，洗涤	净全鱼	80	20
鲫鱼、鳜鱼	宰杀，去鳞、鳃、内脏，洗涤	净鱼块	75	25
大、小黄鱼	宰杀，去鳞、鳃、内脏，洗涤	炸全鱼	55	45
黑鱼、鲤鱼	剔肉切片	净鱼片	35	65
鲢鱼	剔肉切片	净鱼片	30	70
活鳝鱼	宰杀，去头、尾、肠、血洗净	鳝段、丝	62/50	38/50
活甲鱼	宰杀，去壳、去内脏，洗涤	熟甲鱼	60	40

（四）海产品粗加工的出成率

当天进购的海产原料，如需要解冻后再进行加工则先进行解冻。从海产冰箱中取出当天需要的原料，进行解冻；在夏季，解冻原料应注意要浸在水中。

部分海产品食材出成率如表5-4所示。

表 5-4 部分海产品食材出成率

毛料品名	净料处理项目	净料		下脚料、废料损耗率/%
		品名	出成率/%	
鳜鱼	剔肉切片	净鱼片	40	60
鲳鱼	宰杀，去鳞、鳃、内脏，洗涤	无头净鱼	80	20
带鱼	宰杀，去鳞、鳃、内脏，洗涤	无头净鱼	74	26
鲅鱼	宰杀，去鳞、鳃、内脏，洗涤	净鱼	76	24
大虾	去须、脚	净虾	80	20
比目鱼	宰杀，去内脏、皮、骨，洗涤	净鱼	59	41
鳜鱼	剔肉切成泥茸	净鱼泥茸	45	55

（五）干货原料粗加工的出成率

干货原料粗加工，主要指的是干货的涨发。由于干货原料品种多样，涨发方法也各不相同。掌握正确的涨发方法，可以大大提高干货出成率。粗加工厨师在对干货类食材进行加工时，需要掌握其出成率，如表5-5所示。

表 5-5　部分干货类食材出成率

毛料品名	净料处理项目	净料		下脚料、废料损耗率/%
		品名	出成率/%	
鱼翅	拣洗，泡发	净水发鱼翅	150～200	
刺参	拣洗，泡发	净水发刺参	400～500	
干贝	拣洗，泡发	水发干贝	200～250	
海米	拣洗，泡发	水发海米	200～250	
干鱼肚	油浸发，水泡软，挤干水分	水发鱼肚	300～450	
蜇头	拣洗，泡发	净蜇头	130	
海带	拣洗，泡发	净水发海带	500	
干肉皮	油浸发，水泡软，挤干水分	水发肉皮	300～450	
干猪蹄筋	油浸发，水泡软，挤干水分	水发猪蹄筋	300～450	
干蘑菇	拣洗，泡发	水发蘑菇	200～300	
黄花菜	拣洗，泡发	水发黄花菜	200～300	
竹笋	拣洗，泡发	水发竹笋	300～800	
冬菇	拣洗，泡发	水发冬菇	250～350	
香菇	拣洗，泡发	水发香菇	200～300	
黑木耳	拣洗，泡发	水发黑木耳	500～1000	
笋干	拣洗，泡发	水发笋干	400～500	
玉兰片	拣洗，泡发	水发玉兰片	250～350	
银耳	拣洗，泡发	净水发银耳	400～800	
粉条	拣洗，泡发	净湿粉条	350	
带壳花生	剥去外壳	净花生仁	70	30
带壳白果	剥去外壳	净白果仁	60	40
带壳栗子	剥去外壳	净栗子肉	63	37

三、做好收台减少浪费

粗加工厨师在收台时，应做好相应收台工作（图5-2），以减少浪费、节约成本。

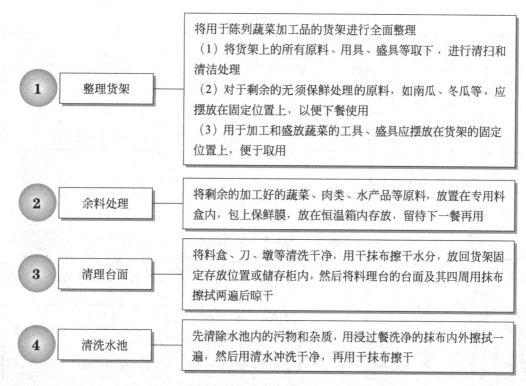

图5-2 粗加工厨师收台工作要点

第二节 细加工环节成本控制

食品原料的初加工结束，就要对大块或整形的原料进行切制成形处理，在食品中称为细加工。在原料的切形过程中，如果不能有效地加强管理，也可以对原料的出成率产生很大的影响，从而使成本加大。

一、细加工的切割规格

（一）常见主、配料料形切割规格

细加工主要是配菜厨师将粗加工厨师加工后的食材，进行进一步切配，如切成丝、片、丁等。常见主、配料料形切割规格，如表5-6所示。

表5-6 常见主、配料料形切割规格

料形名称	适用范围	切制规格
丁	鱼、肉等	大丁1～1.5厘米；碎丁0.5立方厘米
方块	动、植物	2～3立方厘米
粗条	动、植物	1.5立方厘米，长4.5厘米

续表

料形名称	适用范围	切制规格
细条	动、植物	1立方厘米，长3厘米
粗丝	动物类	0.3～0.5立方厘米，长4～6厘米
细丝	植物类	0.1～0.2立方厘米，长5～6厘米
长方片	动、植物	厚0.1～0.2厘米，宽2～2.5厘米，长4～5厘米

（二）常用料头切割规格

常用料头切割规格，如表5-7所示。

表 5-7　常用料头切割规格

料头名称	用料	切制规格
葱花	大葱	0.5～1立方厘米
葱段	大葱	长2厘米，粗1厘米
葱丝	大葱	长3～5厘米，粗0.2厘米左右
姜片	生姜	长1厘米，宽0.6～0.8厘米，厚1厘米左右
姜丝	生姜	长3～5厘米，粗0.1厘米
香菜段	香菜梗	长3～5厘米
香菜末	香菜梗	长0.5～0.6厘米
蒜片	蒜瓣	厚0.1厘米左右，自然形
葱姜米	大葱、生姜	0.2～0.3立方厘米
蒜茸	蒜头	0.1～0.2立方厘米
干辣椒段	干辣椒	长1～1.5厘米
干辣椒丁	干辣椒	0.5～1立方厘米
青红辣椒丁	青红辣椒	0.2～0.3立方厘米

（三）猪肉加工成形标准

猪肉加工成形标准，具体如表5-8所示。

表 5-8　猪肉加工成型标准

成品名称	用料及部位	加工成形规格	适用范围
肉丝	里脊、弹子肉、盖板肉、肥膘	长8厘米、粗0.3厘米×0.3厘米	炒、熘、烩、煮
	里脊、弹子肉、盖板肉	长10厘米、粗0.4厘米×0.4厘米	炸、收
肉片	里脊、弹子肉、盖板肉、腰柳	长6厘米、宽4.5厘米、厚0.3厘米	炸、熘、烩、煮
	五花肉、宝肋肉	长8厘米、宽4厘米、厚0.4厘米	蒸

续表

成品名称	用料及部位	加工成形规格	适用范围
肚片	猪肚	长6厘米、宽3厘米、厚0.4厘米	卤、拌
		……	……
舌片	猪舌	长6厘米、宽4厘米、厚0.2厘米	卤、拌
		……	……
……	……	……	:

（四）鸡的加工成形标准

鸡的加工成形标准，具体如表5-9所示。

表5-9　鸡的加工成形标准

成品名称	用料及部位	加工成形规格	适用范围
鸡丝	鸡脯肉	长8厘米、粗0.4厘米×0.4厘米	炒、熘、烩、煮
	鸡脯肉、腿肉	长6厘米、粗0.4厘米×0.4厘米	鸡丝卷
鸡片	鸡脯肉	长6厘米、宽4.5厘米、厚0.3厘米	炒、熘、烩、煮、锅贴
	鸡脯肉、腿肉	长6厘米、宽4厘米、厚0.4厘米	拌
……	……	……	……

（五）鱼的加工成形标准

鱼的加工成形标准，具体如表5-10所示。

表5-10　鱼的加工成形标准

成品名称	用料及部位	加工成形规格	适用范围
鱼丝	草鱼、鳜鱼、乌鱼净肉	6厘米、粗0.4厘米×0.4厘米	熘、烩、煮
	……	……	……
鱼片	草鱼、鳜鱼、乌鱼净肉	长6厘米、宽4.5厘米、厚0.4厘米	炒、熘、烩、煮、锅贴
	……	……	……
鱼条	草鱼、鳜鱼、乌鱼、鲑鱼净肉	长6厘米、粗1.2厘米×1.2厘米	蒸、炸、收
……	……	……	……

二、原料出成率控制

经过细加工的食品原料，刀工处理后可形成块、片、丝、条、丁、粒、末等不同的规格和形状。细加工厨师在下刀时要心中有数，用料要合理，力争物尽所用，避免刀工处理后出现过多的边脚余料，降低原料档次，影响原料的使用价值。

食品原料在细加工过程中出现折损和降档次用料，为此，要在保证加工质量的前提下争取提高净料量，控制出成率，对刀工处理后的各种原料，应该根据原料的档次和出成率，计算出净料成本，以便为配菜核定每份菜品成本提供基本的数据。

第三节　配份环节成本控制

配份环节即厨房当中俗称的"配菜"，也被称为配膳。配菜就是将加工成形的各种原料加以适当配合，使其可烹制出一道完整菜品的过程。如为凉菜，即配合成可以直接食用的菜品，这个操作过程即为配份环节。

一、配菜环节是成本控制的重点

配菜是制作菜品过程中非常重要的中心环节，菜品量化大小，都取决于配菜师。主料、配料、调料这三个要素构成菜品成本。以鱼香肉丝为例，主料是200克通脊肉丝，125克竹笋丝；配料为50克香菇或25克木耳丝；调料包括郫县豆瓣辣酱、酱油、盐、糖、醋、蒜、葱、姜、淀粉、红油等。配菜师掌管着三大料中的主料和配料。

如果配菜师在配菜时未加节制，用量控制不好，本应是225克的质量，却可能配了350克。

某餐厅配菜师成本意识不强，在配鳝鱼丝时只用目测，每次配半盘用量。经称量每盘鳝鱼丝约为350克，经计算每道鳝鱼丝菜品的成本比售价高出4元，即餐厅每销售出一盘鳝鱼丝要损失4元。

菜品成本的高低与配菜具有直接联系。如鱼香肉丝的味道是以辣、甜、酸为基础的三种口味综合而成，制作工艺比较复杂，但制作出的菜品精美无比，且价格经济。那么，鱼香肉丝的成本究竟有多高呢？这就需要配菜师来确定。

某高级餐厅的鱼香肉丝的标准用料是200克通脊丝，125克竹笋丝，50克香菇丝，配上明汁亮芡打红油，红油汪出菜边一个韭菜叶宽度，围着盘周一圈，价格30元/道。

同样一道菜如果放在普通小餐馆，则可能只售15元/道，其原料组成当然不同，在小餐馆中使用的主料是125克肥瘦肉丝，一把胡萝卜丝，一把糟木耳，也没有明汁亮芡打红油。

所以菜品售价由成本而定，成本是根据配菜中加的原料而定，由原料成本、人工成本为基础确定其价格是最科学、最准确的。当然也需要考虑周围餐饮企业价格，以便同营运挂钩。

二、实行配份的标准化控制

厨房生产实行配份的标准化控制，就是厨房根据菜单通过制定标准菜谱，和在生产活动中实施以标准菜谱为内容的有组织的活动。标准菜谱的制定应根据各餐饮企业和厨房生产的具体情况进行编制，制定中应充分考虑配份影响烹调操作、菜肴质量和原料成本等因素。标准菜谱作为厨房生产活动的技术依据和准则，配菜工作必须认真贯彻执行，为菜肴烹制、菜肴质量和原料成本控制创造有利的条件和技术保证。

（一）菜品配份标准

菜品配份标准，具体如表5-11所示。

表 5-11　菜品配份标准

菜品名称	分量	主料		辅料		料头		盛器规格	备注
		名称	数量/克	名称	数量/克	名称	数量/克		
鱼香肉丝	1例	猪肉丝	120	莴笋丝	30	姜蒜米	各8	7寸条盘	
				木耳丝	15	鱼眼葱	10		
麻婆豆腐	1例	豆腐	150	牛肉末	30	蒜苗	15	7寸条盘	
……									

注：1寸=3.33厘米，下同。

（二）点心成品配份标准

点心成品配份标准，具体如表5-12所示。

表 5-12　点心成品配份标准

名称	分量	主料		辅料		盛器规格	备注
		名称	数量/克	名称	数量/克		
小笼包子	1个	发酵面团	30	肉馅	15	2寸圆碟	
清汤面条	1例	面条	30	菜心	10	2寸汤碗	
玻璃烧卖	1个	烧卖皮	1张	肉馅	20	2寸圆碟	
……							

（三）面团配份标准

面团配份标准，具体如表5-13所示。

表 5-13　面团配份标准

菜品名称	数量/克	主料		辅料		备注
		名称	数量/克	名称	数量/克	
发酵面团	500					
油酥面团	800	面粉	500	猪油	100	冷水200毫升
……						

（四）馅料配份标准

馅料配份标准，具体如表5-14所示。

表 5-14　馅料配份标准

菜品名称	数量/克	主料		辅料		料头		适用范围
		名称	数量/克	名称	数量/克	名称	数量/克	
豆沙馅	500	绿豆	350	白糖	130	油	20	
猪肉馅	500							
……								

（五）臊子配份标准

臊子配份标准，具体如表5-15所示。

表 5-15　臊子配份标准

菜品名称	数量/克	主料		辅料		料头		适用范围
		名称	数量/克	名称	数量/克	名称	数量/克	
红烧牛肉	500							
猪肉脆臊	500	猪肉	450	红糖	15	料酒、盐、味精、胡椒粉	适量	
				香葱	两根			
……								

三、强化配份厨师的责任心

厨房一般采用经验式配菜方法，配份厨师靠手上的功夫对各种原料进行手工抓配，要求"一抓准"，其实很难做到，难以避免误差的出现，具有很大的随意性，难以保证菜肴质量与数量的一致性和稳定性，难以准确控制菜肴原料的成本。

如果配份厨师的工作责任心不够，就会给菜肴的配份和原料成本的管理造成失控，严重影响菜品的质量与原料成本的控制。作为一个配份厨师，除了要有良好的工作责任心与敬业精神外，还必须掌握一定的菜肴配份知识与技术。

（1）掌握各种原料的性质、市场供应、价格变化和原料供应情况。

（2）掌握菜肴名称和主料、配料的数量及净料成本，能熟练运用餐饮成本核算的知识，编制标准菜谱和食品原料成本卡。

（3）熟悉各种刀工技法和菜肴烹调工艺及其特点，是配出的菜肴既符合烹调的要求，又合乎标准食品成本的规定。

（4）熟悉菜肴色、香、味、形、质和营养成分的配合。

（5）具有很强的菜品出新能力，能结合企业和厨房的生产需要不断推出菜肴的新品种。

四、加强操作过程监督

现代餐饮厨房生产在推行标准化管理的同时，必须建立一套与之相适应的、有效的监督制度与监督体系，使厨房员工在菜品的配份中能够按照规定的标准和规范的作业程序进行操作，最大限度地避免有标准不依，随意配菜的现象发生。

对于厨房生产来说，由于业务量大，而且时间又相对集中，配份厨师有时忙不过来，就会把配份程序简化，比如主料不过称等，因此必须要有监督体系。监督制度与监督体系的建立应根据具体情况确定，如建立不定点、不定时的立体式检查、抽查；可以在厨房安装电子监控系统，有专人负责对监视器进行观察；也可以预先将各种主料称重包好，随取随用，用时只配辅料，这样可以缩短配菜时间。

第四节　烹调环节成本控制

进入菜肴的烹调阶段，生产成本的主要控制项目是佐助料、调味料成本的控制。表面上看，虽然单独烹制加工一个菜肴、面点使用佐助料、调味料的数量并不多，所耗费的成本微乎其微，但由于每餐、每天加工制作的菜肴、面点数量巨大，集中计算后，用于佐助料、调味料的成本额也是一个不可小视的数目。尤其随着我国调味料生产水平的不断提高，高品质、多功能的调味越来越多，其价格也越来越高，因此，有效控制烹调过程中佐助料、调味料的成本，就成为食品管理与成本控制的一个关键环节。

一、统一制汁节省成本

制作菜品时经常需要制作各种汤汁，如糖醋汁、番茄汁、果汁、沙子汁等。为了节省成本，可采用统一制汁法，即每天早上由制汁厨师把汁制作好，然后统一分发给每位厨师，那么厨师就不用再制作所需的各种汁了。

（一）热菜主要调味汁规格

1.麻辣味汁

麻辣味汁规格，具体如表5-16所示。

表5-16　麻辣味汁规格（配制 20 份菜）

调味品名	数量/克	备注
红油海椒	30	（1）红油海椒30克可以用红油100克代替
花椒粉	20	
红酱油	30	（2）所有调料配好之后加开水750克（或鲜汤）调制
精盐	30	

续表

调味品名	数量/克	备注
味精	20	（1）红油海椒30克可以用红油100克代替 （2）所有调料配好之后加开水750克（或鲜汤）调制
白糖	30	
料酒	50	
姜末	20	
香油	20	

2. 糖醋味汁

糖醋味汁规格，具体如表5-17所示。

表 5-17　糖醋味汁规格（配制 15 份菜）

调味品名	数量/克	备注
醋	150	（1）将调料加清水250克在锅中熬化后淋入香油即成 （2）糖醋汁在锅中熬制时一定要以有浓稠感为佳
酱油	10	
精盐	8	
白糖	250	
色拉油	50	
姜末	10	
蒜米	20	
香油	50	

3. 茄汁味汁

茄汁味汁规格，具体如表5-18所示。

表 5-18　茄汁味汁规格（配制 20 份菜）

调味品名	数量/克	备注
精盐	15	（1）将色拉油入锅烧热后下蒜泥及番茄酱炒香，再加入清水500克及以上调料炒匀即成 （2）炒制时不能勾芡，要以茄汁自芡为主
醋	50	
白糖	300	
姜末	10	
番茄酱	200	
色拉油	200	
蒜泥	30	

（二）冷菜主要调味汁规格

1.鱼香味汁

鱼香味汁规格，具体如表5-19所示。

表5-19 鱼香味汁规格（配制15份菜）

调味品名	数量/克	备注
精盐	15	
酱油	50	
醋	30	
白糖	20	
泡红辣椒末	50	（1）将调料拌和均匀后再加入白煮的凉菜中，如熟鸡片、肚片、毛肚、白肉丝等
姜米	50	（2）鱼香味型咸鲜、酸辣、回甜，并要重点突出姜葱味
蒜米	50	
葱白	50	
红油	100	
味精	30	
芝麻油	50	

2.糖醋味汁

糖醋味汁规格，具体如表5-20所示。

表5-20 糖醋味汁规格（配制15份菜）

调味品名	数量/克	备注
精盐	8	
酱油	10	
醋	150	（1）将调料加清水250克在锅中熬化后淋入香油即成
白糖	250	（2）糖醋汁在锅中熬制时一定要以有浓稠感为佳
姜米	10	
蒜米	20	
色拉油	50	
香油	50	

（三）浆、糊调制规格

1.制糊规格

制糊规格，具体如表5-21所示。

表 5-21　制糊规格

用量＼用料　品名	鸡蛋/个	鸡蛋清/个	干细淀粉/克	精炼菜油	备注
全蛋糊	1		50		
蛋清糊		1	40		
……					

2.制浆规格

制浆规格，具体如表5-22所示。

表 5-22　制浆规格

用量＼用料　品名	鸡蛋/个	鸡蛋清/个	干细淀粉/克	精炼菜油	备注
全蛋浆	1		40		
蛋清浆		1	30		
……					

二、掌握过油技巧

　　餐饮企业的食用油消耗量比较大，而食用油又不断涨价，因为几乎每道菜都要使用食用油，所以厨师应掌握节约食用油的技巧，从而达到节约成本的目的（图5-3）。

技巧一　选用大豆油

　　餐饮企业一般应选择大豆油，黄豆是"素菜之宝"，大豆油营养最全面，它含有 23 种人体所必需的氨基酸。花生油只含有 15 种氨基酸，而且价格比大豆油贵

技巧二　热油下锅

　　在下油时要注意油温，如炸茄子、炸馒头、炸豆腐等。有些厨师在炸豆腐时，油刚温就放原料，结果很多油被吸到豆腐里去了，吃豆腐时，油会从豆腐里往外冒。因此，在炸这些原料时，油温应高一些。油温可从 0 摄氏度一直上升到240 摄氏度。油一般在 20 摄氏度左右融化，加温到七成，就可以放原料了

技巧三 ▷ 将调料中红油炒出来

> 炒红油的时候一定要使用小火，在几秒钟之内将调料里的红油炒出来，如麻
> 婆豆腐，搁上汤烧，油比水轻，油在上面漂，水在下面，出锅时不用兑明油，
> 红油就在上面漂着，可避免重新放红油的成本

图5-3 过油技巧

三、加强对厨师的监控

从烹调厨师的操作规范、制作数量、出菜速度、剩余食品等几个方面加强监控，具体如表5-23所示。

表5-23 烹调过程控制

序号	类别	具体内容
1	操作规范	必须督导烹调厨师严格按操作规范工作，任何图方便的违规做法和影响菜品质量的做法都应立即加以制止
2	制作数量	应严格控制每次烹调的生产量，这是保证菜品质量的基本条件，"少量多次的烹制"应成为烹调制作的座右铭
3	出菜速度	在开餐时要对出菜的速度、出品菜品的温度、装量规格保持经常性的督导，阻止一切不合格的菜品出品
4	剩余食品	剩余食品即使被搭配到其他菜品中，或制成另一种菜，在经营中也被看作是一种浪费

第五节 利用标准菜谱控制成本

标准菜谱是以菜谱形式，列出用料配方，规定制作程序，明确装盘形式和盛器规格，指明菜品的质量标准和每份菜品的可用餐人数、成本、毛利率和售价。

一、标准菜谱的作用

标准菜谱的作用，主要包括以下几个方面。

（1）预示产量。可以根据原料数量，测算生产菜品的份数，方便成本控制。

（2）减少督导。厨师可以通过标准菜谱知道每个菜品所需要的原料及制作方法，只需要遵照其执行即可。

（3）高效率安排生产。在制作菜品的具体步骤和质量要求明确以后，安排工作时可以更加快速高效。

（4）减少劳动成本，可以减少厨师个人的操作技巧和难度，技术性可相对降低，劳动成本也因而降低。

（5）可以随时测算每个菜品的成本或根据配方核算每个菜品的成本。

（6）食谱程序书面化，可以避免对个人因素的依赖。

（7）分量标准，按照标准菜谱规定的各项用料标准进行生产制作，可以保证成品的分量标准化。

（8）减少对存货控制的依靠，通过销售菜品份数与用料标准计算出已用料情况，再扣除部分损耗，便可测知库存原料情况，有利于安排生产和进行成本控制。

二、标准菜谱设计内容

一般来说，标准菜谱设计内容主要有图5-4所示的几个方面。

内容一 ▶ 基本信息

标准菜谱中的基本信息，主要包括菜点编号、生产方式、盛器规格、烹饪方法、精确度等。基本信息虽然不是标准菜谱的主要部分，但却是不可缺少的基本项目，而且必须在设计之初就设定好

内容二 ▶ 标准配料及配料量

菜品的质量好坏和价格高低很大程度上取决于烹调菜品所用的主料、配料和调味料等的种类与数量。标准菜谱在这方面作出了规定，为菜品实现质价相称、物有所值提供了基础

内容三 ▶ 规范烹调程序

烹调程序是对烹制菜品所采用的烹调方法和操作步骤、要领等方面所做的技术性规定。这是为了保证菜品质量，对厨房生产的最后一道工序进行规范。烹调程序全面地规定烹制某一菜品所用的炉灶、炊具、原料配份方法、投料次序、型坯处理方式、烹调方法、操作要求、烹制温度和时间、装盘造型、点缀装饰等，使烹制菜品的质量有了可靠保证

内容四 ▶ 烹制份数和标准份额

厨房烹制的菜品多数是一份一份单独进行的，有的也是多份一起烹制。标准菜谱对每种菜品、面点等的烹制份数都进行了规定，是以保证菜品质量为出发点。如一般菜品为单份制作，也就是其生产方式是单件式；面点的加工一般是多件式，带有批量生产的特征等

内容五 ▷ 每份菜品的标准成本

> 对每份菜品的标准成本作出规定，就能对菜品生产进行有效的成本控制，最大限度地降低成本，提高菜品的市场竞争力。标准菜谱对标准配料及其配料量都有规定，由此可以计算出每份菜品的标准成本。由于食品原料市场价格不断变化，每份菜品的标准化成本要及时做出调整

内容六 ▷ 成品质量要求与彩色图片

> 通过标准菜谱对用料、工艺等进行规范，保证成品质量，对出品的质量要求也作出了规定。因为菜品成品质量的有些项目难以量化，如口味轻重等，所以在设计时应制作一份标准菜品，拍成彩色图片，以便作为成品质量最直观的参照标准

内容七 ▷ 食品原料质量标准

> 只有使用优质原料，才能烹制出好菜品。标准菜谱中对所有用料的质量都作出了规定，如食品原料的规格、数量、感官性状、产地、产时、品牌、包装要求、色泽、含水量等，以确保菜品质量达到优质标准

图5-4　标准菜谱设计内容

三、编制标准菜谱程序

虽然每家餐饮企业编制标准菜谱的程序都各有特色，但是其基本程序却是相同的，具体如图5-5所示。

程序一 ▷ 确定主配料原料及其数量

> 确定菜品基调，决定菜品主要成本，确定其数量。有的菜品只能批量制作，则平均分摊测算，如点心等；菜品单位较大的品种，无论如何，都应力求精确

程序二 ▷ 规定调味料品种，试验确定每份用量

> 调味料的品种、牌号要明确，因为不同厂家、不同牌号的调味料质量差别较大，价格差距也较大，调味料只能根据批量分摊的方式测算

图5-5

程序三	根据主、配、调味料用量，计算成本、毛利及售价

随着市场行情的变化，单价、总成本会不断变化，每项核算都必须认真、全面、负责地进行

程序四	规定加工制作步骤

将必需的、主要的、易产生歧义的步骤加以统一，规定可用术语，要求精练明白

程序五	确定盛器，落实盘饰用料及式样

根据菜品形态与原料形状，确定盛装菜品餐具的规格、样式、色彩等，并根据餐具的色泽与质地选取确定对装盘后菜品进行盘饰的要求

程序六	明确产品特点及其质量标准

标准菜谱既是培训、生产制作的依据，又是检查、考核的标准，其质量要求更应明确具体才能切实可行

程序七	填写标准菜谱

对以上内容，按项填写到标准菜谱中，在填写标准菜谱时，要求字迹端正，表达清楚，要员工都能看懂

程序八	按标准菜谱培训员工，统一生产出品标准

按标准菜谱的技术要求，对各个岗位的员工进行操作培训，以规范厨师作业标准，从根本上统一生产出品标准

图5-5　编制标准菜谱程序

四、标准菜谱制作要求

标准菜谱要求，主要包括以下几点。

（1）形式和叙述简单易懂，便于阅读。

（2）原料名称确切，如醋应注明是白醋、香醋还是陈醋，原料用量准确，易于操作，按使用顺序排列，说明因季节供应的原因需用替代品的配料。

（3）叙述用词准确，使用熟悉的术语，不熟悉或不普遍的术语应详细说明。

（4）由于烹调的温度和时间对产品质量有直接的影响，制定标准菜谱应详细标明操

作时的加热温度范围和时间范围，以及制作中产品达到的程度。

（5）列出所用餐具的大小和规格，因为它也是影响烹饪产品成败的一个因素。

（6）说明产品的质量标准和上菜方式，言简意赅。

（7）任何影响质量的制作过程都要准确规定。

> **提醒您：**
>
> 标准菜谱是一种控制工具和厨师的工作手册，可以变通制定形式，但一定要有实际指导意义。

以下是某餐饮企业的一份标准菜谱（表5-24），仅供参考。

表5-24 ××餐厅标准菜谱

菜名：鹿尾炖鸭	用于：	宴会总成本：
规格：10寸汤盅（10位用）	售价：	

用料名称	数量/克	第一次测算成本		第二次测算成本		制作程序	备注
		单价	成本	单价	成本		
鲜鹿尾 姜片 料酒	900 20 25					（1）将鲜鹿尾用开水泡洗后切成段 （2）起锅放油爆香姜片，放入鹿尾煸透，烹入料酒，装入炖盅内	干鹿尾洗净则不需开水泡，直接装入盅内
光鸭 杜仲 桂圆肉 枸杞子 火腿片 高汤	1250 32 20 8 40 1500					（1）光鸭焯水断血洗净，连同其他用料一起装入盅内，加入高汤 （2）将盅盖封好上笼蒸3小时	蒸炖时间根据蒸锅气压而定，以蒸至原料酥烂脱骨为标准
料酒 精盐	25 35					取出盅，加入调料上笼再蒸半小时，即可上桌	上桌时垫上垫盘

第六节　通过菜品创新降低成本

餐饮企业可以开发新菜品，有效利用原有菜品没有利用而浪费的原料，也可对菜品的装盘、名称等进行创新。总体来说，就是用最少的料做出最多的成品。以下提供某餐饮企业开发的菜根菜叶菜品供参考（表5-25）。

表 5-25　××餐厅菜根菜叶菜品

川菜厨房开发菜品	鲁菜厨房开发菜品
（1）妯娌腌菜坛 （2）香菜根拌海米 （3）菠菜根炝拌蛤蜊肉 （4）酱腌白菜根 （5）芹菜根炒鱿鱼丝 （6）葱根煎咸菜 （7）菜叶小豆腐 （8）花生米拌芹菜叶 （9）菜团子 （10）香菜油 （11）菜叶饼	（1）泡菜葱根 （2）菜根泡葱根 （3）葱根拌老虎菜 （4）芥末白菜帮 （5）跳水西兰花根 （6）老腊肉炒兰花根 （7）冰镇芥蓝根 （8）泡椒兰花根 （9）炝拌大头菜根 （10）芥辣西瓜皮 （11）姜汁菠菜根 （12）酸菜菠菜根

一、菜品创新的"四性"标准

菜品创新要达到"四性"标准，如图5-6所示。

新颖性	菜品创新必然要具有新颖性，造型、口味均要新颖，不能是"换汤不换药"；如烹饪糖醋排骨，原来用的是糖醋汁，如果把糖醋汁改成茄汁或橙汁，这种创新只是在口味上进行变化而已，不具备新颖性
独特性	独特性是指不仅要有别于其他菜品，更要有别于其他餐饮企业的相同菜品，做到"人无我有，人有我特，人特我优"
经济性	有的餐饮企业会将青菜根、香菜根、葱须、姜皮、鱼鳞、长鱼骨头等统统扔进垃圾桶。其实可以针对暂时用不着的下脚料进行菜品研发，对使用下脚料研发出新菜品的工作人员进行奖励，促使厨师提高厨艺和进行创新，减少浪费，增加利润
优良性	创新菜品，一定要明确其优点、卖点，从而便于客人接受。总之，菜品在创新和原料的使用上，始终要坚持降低成本原则

图5-6　菜品创新的"四性"标准

二、菜品创新的"四化"标准

菜品创新的"四化"标准如图5-7所示。

餐饮企业可以开发新菜品，可以有效利用原有菜品没有利用而浪费的原料，也可以是对菜品装盘、名称等创新。总体来说，就是用最少的料做出最多成品。

专业化	大型餐饮企业要形成研发组织、研发机构，而不是派几个厨师到其他餐饮企业品尝后如法炮制，一味地模仿是永远也不会进步的，一定要形成自己的风格
规范化	餐饮企业要实行规范化，形成标准菜谱。要想扭转经验随意性，就必须要进行规范
科学化	科学化主要体现在加工工艺、冷藏工艺以及主配工艺等方面。科学化符合当今时代的需求，也符合健康、绿色的创新标准
标准化	不要认为一有标准产品的创新、改变就会很缓慢。标准化能使客人感觉到每次吃到的菜品的分量、口味、造型、装盘都是统一的，即外形、口味基本相近，不会出现太苦、太辣、太麻的现象

图5-7 菜品创新的"四化"标准

 案例1 <

　　大多数餐饮企业经常会买些海虾来剥虾仁，剥出虾仁后对于虾头认为上面没有什么肉而将其弃之不用。其实虾头中含有丰富的营养，并且做法多样。比如用其炸制椒盐虾头，或者制作海鲜酱油，或者是做成虾头炖豆腐，做法简单，味道独特，红红的虾油配上滑嫩的豆腐，回味悠长。

 案例2 <

　　随着猪肉价格节节攀升，许多餐饮企业为了缓解涨价带来的压力，不仅悄然上调了菜品价格，还削减猪肉菜品。

　　餐饮企业采取删减猪肉菜品的方式降低成本，开发新菜品也成为中餐企业缩减成本的手段之一。许多企业都开始大力推出新菜，而新菜品多以海鲜、鸡鸭类为主原料。

三、菜品开发与创新的基本原则

菜品开发与创新的基本原则，具体如表5-26所示。

表 5-26　菜品开发与创新的基本原则

序号	原则	具体内容	备注
1	食用为首	创新菜首先应具有食用的特性，只有使顾客感到好吃，有食用价值，而且感到越吃越想吃的菜，才会有生命力	
2	注重营养	创新菜必须是卫生的，有营养的。行政总厨在设计创新菜品时，应充分利用营养配餐的原则，把设计创新成功的健康菜品作为吸引顾客的手段	
3	关注市场	准确分析、预测未来饮食潮流，做好开发工作，时刻研究消费者的价值观念、消费观念的变化趋势，去设计、创造，引导消费	
4	适应大众	坚持以大众化原料为基础，创新菜的推广，要立足于一些易取原料，要价廉物美，广大老百姓能够接受	
5	易于操作	烹制应简易，尽量减少工时耗费。从管理的角度来看，过于繁复的工序也不适应现代经营的需要，费工费时做不出菜品来，满足不了顾客时效性的要求	
6	反对浮躁	要遵循烹饪规律，烹调原理，主次必须明确，不要把时间和精力放在装潢及包装上	
7	引导消费	尽量降低成本，减少不必要的浪费，就可以提高经济效益，既要考虑生产，又要考虑消费，对企业、顾客都有益	
8	质量稳定	所用的菜具是否标准，采购的原料是否保持一致，制作的流程是否规定化，出品的时间是否严格控制，同一菜品的出品在色泽、味道上是否统一，盛器的使用是否严格如一	

 相关链接〈··

开发创造菜品卖点，提高利润

开发创造菜品卖点是开发新菜品的一种方式，菜品创新不仅仅指的是菜品本身，也可以是菜品的装饰、名称等。

1.有效利用原料

尽可能地用一种原料开发出多个品种菜品。通常情况下，100道菜品用100种原料；进行适当开发后，100种菜品采用80种原料，可以节省原料品种占用量，从而节约成本。

餐饮企业购买的整块原料，如肉、鱼和家禽，经过加工、切配后，原料分为几个档次，有的部位不能利用只能扔掉，有的可另做处理，有的可做次级食材；有的原料如鸡、兔等平时用整只做一道菜，如果肢解多个部位做不同菜品，就可以增加菜品品种，提高利润。

2.菜品精细化

用简单的原料做出不简单的菜品，在不增加原料成本的前提下增加利润。粗粮精工细作，用精致的器皿盛置，卖相很好，原料成本低，卖价却不低。

3.主料替换

可以将价格相对较高的主料用其他价格相对便宜的辅料替换，既丰富了菜品营养，还降低了成本。尽量少用整只鸡、整条鱼来做菜，可加入新鲜的蔬菜、蘑菇等低价原料。

4.使用药材

药材入菜，是最近比较流行的烹饪方法，"药膳"出现在很多餐厅中，"食疗"也开始大受欢迎。把药材当原料加入菜品中，既让菜品有了药用价值，迎合了顾客需求，也会因为小投入获得大回报。

5.改造老菜

把过去已有的菜品，结合饮食需求，进行改造翻新是一种创新的办法。如传统菜回锅肉，可以将盐菜、侧耳根、泡酸菜、油炸的锅盔、年糕、豆腐干等作为辅料加入炒制，不仅花样翻新，品味也大不一样。

6.注重装饰

巧妙借用其他菜品的一些特点，运用到新菜中来；或采用创新器皿，使菜品更上档次。一般都用碟、盘、碗来盛装菜品，根据菜品的文化内涵的需要，采用鱼装船、虾装篓、果装篮、鸡装笆、饭装竹、丁装瓦、点心装叶片等，给人一种新奇感，使菜品更具有文化品位。

四、菜品开发与创新的开发步骤

新菜品的开发步骤，具体如图5-8所示。

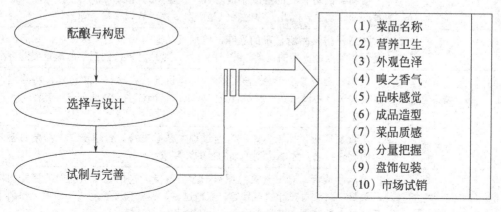

图5-8 新菜品的开发步骤

（一）酝酿与构思

所有新菜品的产生都是通过酝酿与构想创意而开始的。新创意主要来源于广大顾客需求和烹饪技术的不断积累。

（二）选择与设计

在选择与设计创新菜点时，首先考虑的是选择什么样的突破口，如下所示。

（1）原料要求如何？

（2）准备调制什么味型？

（3）使用什么烹调方法？

（4）运用什么面团品种？

（5）配置何种馅心？

（6）造型的风格特色怎样？

（7）器具、装盘有哪些要求等。

为了便于资料归档，行政总厨要提供详细的创新菜点备案资料。

（三）试制与完善

试制与完善，具体内容如表5-27所示。

表 5-27　试制与完善

序号	类别	具体说明
1	菜品名称	菜名既能反映菜品特点，又具有某种意义。创新菜品命名的总体要求是，名实相符、便于记忆、启发联想、促进传播
2	营养卫生	做到食物原料之间的搭配合理，菜品的营养构成比例合理。在加工和成菜中始终要保持清洁程度，包括原料处理是否干净，盛菜器皿、菜品是否卫生等
3	外观色泽	菜品色泽是否悦目、和谐，是菜品成功与否的重要一项。外观色泽是指创新菜品显示的颜色和光泽，它可包括自然、配色、汤色、原料色等
4	嗅之香气	创新菜品对香气的要求不能忽视，嗅觉所受的气味，会影响顾客的饮食心理和食欲。因此，嗅之香气是辨别食物、认识食物主观条件
5	品味感觉	味感是指菜品所显示的滋味，包括菜品原料味、芡汁味、佐汁味等，它是评判菜点最重要的一项。味道的好坏，是顾客评价创新菜品最重要的标准
6	成品造型	菜品的造型要求形象优美自然；选料讲究，主辅料配比合理，特殊装饰品要与菜品协调一致，并符合卫生要求，装饰时生、熟要分开，其汁水不能影响主菜
7	菜品质感	从食品原料、加工、熟制等全过程中精心安排，合理操作，并要具备一定的制作技艺，才能达到预期的目的和要求
8	分量把握	菜品制成后，看一看菜品原料构成的数量，包括菜品主配料的搭配比例与数量，料头与芡汁的多寡等。原料过多，整个盘面臃肿、不清爽；原料不足，或个数较少，整个盘面干瘪，有欺骗顾客之嫌

续表

序号	类别	具体说明
9	盘饰包装	要对创新菜品进行必要、简单明了、恰如其分的装饰。装饰要求寓意内容优美健康，盘饰与造型协调，富有美感。不能过分装饰、以副压主、本末倒置
10	市场试销	通过试销得到反馈信息，供制作者参考、分析和不断完善。赞扬固然可以增强管理者与制作者的信心，但批评更能帮助制作者克服缺点

五、建立创新机制模式

（一）指标模式

行政总厨把菜品创新的总任务分解成若干的小指标，分配给每个分厨房或班组，分厨房或班组再把指标分配给每个厨师，规定在一定时间内完成菜品的创新任务。厨房菜品创新的总任务则根据餐饮企业对菜品更换更新的计划而定。

（二）激励模式

激励模式有图5-9所示的三种，三种可灵活运用，也可结合运用。

晋升职级激励 → 把菜品创新与晋升职级联系起来，首先为每个员工建立"职业生涯发展档案，具备一定的条件后就有晋升职级的机会。厨房员工晋升职级的重要条件之一，是要有创新菜品，数量越多，晋升的机会就越多，工资待遇也就越高

成果奖励激励 → 直接把厨师的创新菜品作为科技成果，获得使用后，就给予菜品创新人一定的奖励，奖励一般可以分为两部分：一是只要符合创新菜条件的菜品，并在餐饮企业推出销售，就一次性给予数量不等的奖励，作为企业购买科技成果给予员工的补偿；二是对于一些销售效果特别突出，甚至为餐饮企业创造了巨大的经济效益，并赢得了较好的社会效益的菜品，根据该菜品创造的营业额给予一定的提成奖励

福利激励 → 公派学习、旅游激励。把厨师创新菜的成果与各种额外的福利项目联系起来，如对于那些创新菜成果突出的厨师，除了给予一定的奖励外，还优先安排公费到外地学习，参加各种类型的培训班，以提高厨师创新的积极性

图5-9　激励模式

第六章
餐厅销售服务环节成本控制

引言

餐饮行业的服务环节就是销售环节，要把控的重点是如何以最低的服务成本获取最有效、最大的销售额度。同时，餐厅还需要培养员工的归属感，避免频繁的员工更替造成人工成本的浪费。

第一节　销售成本控制

无论顾客量多少，许多成本都是没有多大变化的，如租金、人工成本、电费等。增大销售就是降低成本，因此在销售环节同样可以进行成本控制。

一、突出经营特色，减少成本支出

依靠别致的环境和口味以及常变常新的菜品来吸引顾客。从成本控制上考虑，如果要采取多种经营，成本上就会很铺张，管理也会增加很大难度。

二、从销售角度调整成本控制

体现餐厅特色，由服务员推荐及领导亲自推荐进行宣传新的菜品。餐厅有剩余菜品，推广介绍的力度就要更大一些。如没有效果，就内部消耗掉。同时要寻找原因，口味问题还是外界原因，是口味问题考虑更换菜单。

三、增加顾客人数

产品和服务有一个普遍接受的市价。通过异质产品提供，营造顾客对餐厅的忠诚感，可达到增加就餐人数的目的。要有计划性地将本餐厅的产品和服务与竞争对手区别开。顾客在不同的场合对服务有不同的要求。

确定菜品种类时考虑厨房设备、厨师技术力量、成本等因素。需要增加就餐人数时，制定适当的方案去达到预定目标。持续形成大量等位现象时，通过产品调整、价格调整、菜品质量更精细、服务水平提高等方法减少就餐人数。

四、增大销售及顾客购买力

（一）菜单编制

菜单编制要利于影响顾客购买餐厅最想售出的菜品。

（1）确定分类菜品在菜单中的位置。

（2）从单一菜品贡献差额率角度考虑到编排位置。

（3）确定菜品的名称要使用描述语言，但不宜过于夸张。

（4）用配以图片的方式影响顾客的购买行为。

提醒您：

图片影响消费的作用较大，配图比例不当，可能造成经营管理者不愿得到的结果。

（二）推销技巧

服务员把菜品和饮品的信息传递给顾客，引起兴趣，激发购买欲望，促成购买行为。必须使用正确的销售技术，不能盲目"促销"。

（1）服务员的自我销售，良好的仪表、正确的站姿、自信的神态等。

（2）准确预计顾客的需求再进行销售。

熟悉菜品是餐饮推销的前提，服务员要熟悉菜单上的每个菜品，熟悉各菜品的主料、配料、烹调方法和味道。菜品的介绍要能调动顾客的购买动机。

（3）为顾客介绍菜品时要有针对性，时刻为顾客着想。

服务员应了解顾客的用餐目的，面对不同的客人，不同的用餐形式，不同的消费水准，进行有针对性的推销。如对家宴要注重老人和孩子们的选择；对情侣则一般要侧重于女士的选择。

 案例〈

几位职业女性来某餐厅就餐，她们选了一道招牌菜"糖醋瓦块鱼"。服务员将菜一端上来有位女士一尝就提出"味不对"，要求退菜。当时服务员还纳闷，这道菜卖得很好，按理说，质量和口味应该都没有问题，这不是"无理取闹"吗？于是回应道："不能退。"双方僵持不下。后来，该桌的餐饮服务员小然微笑着向客人请教退菜原因，一问才明白，这几位女士全是江南女子，这道菜醋味太浓，她们接受不了，觉得甜味略大一些就可以了。原来问题出在这里。小然马上意识到自己在点菜时，没有将菜的口味及调料的产地告诉客人。因为同样是醋，江南的醋和北方的醋浓度不同，糖醋口味中糖和醋的比例也不相同。小然很感激这桌客人，让她不交学费就又学会了一种点菜技巧。后来，小然把这道菜算到自己头上，请示领班让厨房重新做了一道，这样的处理让客人非常满意。后来，她们每次来吃饭都找小然点菜，并为小然推荐了不少客人。

小然的成功就在于出现问题时自己仔细、虚心地听取客人的意见或建议，同时了解到要想适应客人的需求，口味不能永恒不变，自己要主动咨询，要尊重客人、体谅客人的饮食习惯及习俗，这样才能让客人"乘兴而来，尽兴而归"。

（4）同时兼顾餐厅利益，注意高贡献率的菜品会令客人觉得不实惠。

（5）对于低贡献率的菜品，餐厅将盈利甚微。如果看到顾客在点菜时犹豫不定，服务员可适时介绍，推荐高价菜品或高利润菜品。因为价格较高的菜肴，一般都是高利润的菜肴。一般来说，高价菜品和饮料，其毛利额较高，同时这些菜品和饮料的确质量好，有特色。

（6）正确使用推销语言。服务员应具备良好的语言表达能力，要善于掌握客人的就餐心理，灵活、巧妙地使用推销语言，使客人产生良好的感受。服务用语要简洁、短小、精悍，同时又能吸引顾客，有助于餐饮的推销。

第二节　服务成本控制

一、引起成本增加的服务不当情况

服务不当会引起菜品成本的增加，主要表现如下。

（1）服务员在填写菜单时没有重复核实顾客所点菜品，以至于上菜时顾客说没有点此菜。

（2）服务员偷吃菜品而造成数量不足，引起顾客投诉。

（3）服务员在传菜或上菜时打翻菜盘、汤盆。

（4）传菜差错。如传菜员将2号桌顾客所点菜品错上至1号桌，而1号桌顾客又没说明。

> **提醒您：**
>
> 加强对服务人员职业道德教育并进行经常性业务技术培训，端正服务态度，树立良好服务意识，提高服务技能，并严格按规程为顾客服务，不出或少出差错，尽量降低菜品成本。

二、准确填写菜单

（一）常见菜肴单位计量

中餐菜肴的计量单位，因客人人数、需要菜品的分量及盛装器皿的不同而有所不同。高档名贵海珍品有的按份、有的按例。菜品不同，规格不同，分量也不同，因此计量单位各不相同。海鲜和肉类，一般用斤和两作计量单位，现在一般按国际统一用千克或克来作计量单位。

菜肴的分量除可用大、中、小例表示之外，也可用阿拉伯数字来注明。不过无论用哪种单位计量都要注明该单位盛装菜品的净样数量，以达到买卖投料量透明，便于客人监督。

（二）记入菜单码数

菜的配制按码盘数量一般分为大、中、例（小）盘。一般炒时蔬的例盘量为4～8两，即200～400克。如净炒苦瓜为200克（1例盘）；荤素搭配，如肉片炒苦瓜，则需要用肉片100～150克，苦瓜150～200克，合计量为300克左右。

以汤菜为例，1例盘汤的分量为6碗（小碗），供2～5位客人的用量。

（三）写菜要求

（1）准备好笔和点菜夹，将带有号码的点菜单夹在点菜夹内，以备使用。

（2）填写点菜单时，对菜名的填写（如用手写）要求字迹工整、准确；自编系统代码要用大家习惯的代码。

（3）注明桌号（房间雅座）、菜名及菜的分量、规格大小，填写点菜时间和点菜员姓名及值台服务员姓名。如果是套菜，要在点菜单上注明桌数。

 案例

某餐饮企业接待了一个十桌的寿宴，接待完毕后，客人顺利地买了单。次日，寿宴客人到部门投诉，说宴席上没上鱼，并要讨个说法。经调查后，客人确实在预订时点了"黄椒蒸鲈鱼"，但在营业部下单时，因点菜员工作粗心，开漏了分单，导致厨房无单无出品，引起客人投诉。

查明原因后，经理当即向客人赔礼道歉，并再三承认了错误，征询客人意见后，将十桌"黄椒蒸鲈鱼"的费用退还给客人，部门内部对当事人进行了批评与处罚。

（4）标清楚计量单位。尤其对高档海鲜，计量单位是"两"，还是"斤"，一定要向客人介绍清楚。免得在结账时会出现点菜按"斤"，结账按"两"，出现10倍的价位差，使客人无法接受。

（5）标清菜肴器皿的规格、分量。

（6）下单的去向一定要写准。冷菜、热菜、点心、水果要分单填写，分部门下单。

（7）点菜单写菜的顺序要和上菜顺序记录一致。

（8）在点菜单上一定要注明个性需求和忌讳的内容。

 相关链接

点菜前须做好准备

一、记住推荐菜

餐厅为了满足顾客的需要，在菜肴原料的选取上、烹调方法上、菜肴口感和造型上不断地推陈出新，同时，在每一天或每周会推出一道或几道特色菜、风味菜供顾客品尝。点菜员必须记住这些菜肴的名称、原料、味道、典故和适合的顾客群体，以顺利地将菜品信息及时传递给顾客。

二、记住沽清菜

沽清单是厨房在了解当天购进原料的数量缺货、积压原料的情况后开具的一种推销单，也是一种提示单。它告诉服务员当日的推销品种、特价菜、所缺菜品，以便服务员对当日菜式有所了解，避免服务员在当日为客人服务时遇到尴尬、难堪、指责等情况。

后厨开出当天的沽清单后，通常会与前厅负责人协调。列举当日原料情况以及最适合出品的菜肴，并介绍口味特点、营养特点、季节特点等普通服务员难以介绍的专业知识。所以，点菜员须记沽清菜，在介绍菜品时，就要相对有倾向性地介绍，当客人点到当天没有的菜品时。一般可以以"对不起，今天刚刚卖完"来回答，然后要及时为客人介绍一道口味相近的菜品，这样客人从心理上比较容易接受，也不会引起客人不满和抱怨。

三、必须熟悉菜牌

了解所推销菜式的品质和配制方式，介绍时可做解释，在点菜过程中，客人不能决定要什么时，服务员可提供建议。最好是先建议高中等价位的菜式，再建议便宜价位的菜式。因为高、中档菜的利润较高，且有一部分菜的制作工序较简单，在生意高峰期尽量少点一些加工手续比较烦琐的造型菜和加工时间较长的菜。否则这样会加大后厨的工作负担，并且由于太忙，可能会影响它的上菜速度，造成客人投诉。

三、运用微信点餐系统降成本

对餐饮企业来说，传统的点餐模式从客户到店，排队等位，进店，落座，服务员招呼，站在旁边，等待客人翻看菜单，直至确认订单。

走完这一系列步骤，至少需要10分钟，遇上纠结、互相推让点菜的客户，至少需要15分钟，浪费人力不说，遇上高峰期，排队等待的客户就会满腹牢骚，甚至到隔壁餐厅就餐。

在盛行微信点餐、线上支付的年代，这种传统的点餐方式已经濒临淘汰，假如你出门忘记带钱包，看下表，快迟到了，估计大多数人不会折返拿钱包，如果是忘了带手机，冒着扣全勤的风险也会回去拿吧？智能餐饮收银管理系统正是在这样的背景下异军突起，客户要更好的就餐体验，餐厅要更快、更高效地响应客户需求，且人力成本、其他各项经营居高不下的困局下，本小利微的广大中小餐厅，节省成本成为破局第一要务！使用智能点餐系统无疑是最好的选择。

但是智能餐饮系统真的有那么好吗？作为"互联网+"时代，衍生出来的智能点餐系统，具有三大优势。

（一）提高餐厅运营效率

餐饮行业中因不合理安排座位，等待买单、点餐的过程中发生投诉、催单，是餐饮人经常经历的事情。安装智能点餐软件，客人每天进店只需扫码点餐，服务人员即刻可收到客人的点餐信息，即时送到都后厨人员，吃完即可微信买单。减少了收银结账的时间，提高了咨客、厨部、服务人员的服务质量。

（二）菜品实时更新

一个餐厅需要持续发展，菜品推陈出新也是关键之一，随着菜品更新，价格也要随之更改，纸质的菜谱从印刷到打印，动辄需要几百元到几千元的费用支出，且使用寿命不长。智能点餐系统，只要拍好照片，随时在后台设置菜谱，更换打折促销信息，顾客第一时间就可以看到新品信息。

对已售罄的菜品，及时标注，避免与客户多做沟通。

（三）节省了人力物力

使用智能点餐系统，点餐不再用纸质，一个餐厅起码可以减少3～4个服务员，为餐厅节省人工成本，提升翻台率，轻轻松松就能完成服务，还能受到客户好评，赢得更多的回头客，生意源源不断。

四、防止偷吃菜品

员工偷吃菜品，可以说是屡禁不止的现象，在许多餐饮企业都存在着。员工偷吃菜品不仅不卫生，更影响餐饮企业形象。因此，必须杜绝这种现象，可以实行连环制。

例如发现一个员工偷吃菜品，则告诉他：如果一个月内能逮住偷吃菜品的人，那偷吃的事就算了；如果逮不住，这个月被人偷吃菜品的所有费用全部由他来承担，还要继续这项"工作"三个月。这样就可以有效防止员工偷吃菜品。

 案例1 ‹

小孙到一家KTV当服务员，主要负责给客人送餐。虽然KTV里卖得最多的就是辣鸭脖等小吃，并没有什么大餐，可就是这些在平常人眼中并不稀罕的食物，小孙却舍不得买。有几次，他在送餐时忍不住偷偷尝了几口。

小孙的小动作，被小周看在眼里。小周是小孙所在小组的组长，小周很快将小孙的行为报告给了经理。经理狠狠地批评了小孙，并罚款100元。这件事情让小孙觉得很没面子，便辞了职。此后，小孙一直对小周"告状"之事耿耿于怀。

 案例2 ‹

杨小姐和一位朋友到一家饭店吃饭，期间要了一份"酒鬼花生"和"红烧肉"，可能因为当时客人太多，她等了半个小时也没有上菜，于是她就到饭店的厨房去问问。就在那时，杨小姐看见一名服务员端着一盘"酒鬼花生"走过来，令杨小姐吃惊的是，这名服务员边走边用手拿着吃。杨小姐顺眼望去，这名服务员竟然走到了自己的桌子旁把花生放在桌子上，气愤之下她找到了饭店经理，经理随后对那名员工进行了批评，给杨小姐换了一份"酒鬼花生"并向杨小姐道了歉。

五、避免打翻菜

服务员在传菜或上菜时打翻菜，这主要是由于员工操作失误所导致的，因此要尽量避免。服务员应掌握上菜顺序，因为上菜顺序不当可能造成失误。

（一）中餐上菜顺序

1.热菜

上热菜时，菜盘内放置服务叉、勺，要注意将叉（勺）柄朝向主人；如果盘子很热，一定要提醒客人注意；另外，上冒气带响的菜，如三鲜锅巴、带铁板的菜品之前，一定要提醒客人用餐巾或桌布稍作遮挡，以免油星溅到客人身上。

2.汤类菜

上汤类菜肴时，要给客人分汤；如果有小孩同桌就餐，一定要将热菜（汤）远离小孩，同时提醒成年人注意。

3.带头尾的菜

上带头尾的菜品时，应根据当地的上菜习惯摆放；上带有佐料的菜肴时，要先上配料后上菜，一次上齐，切勿遗漏；上带壳菜肴时要跟上小毛巾和洗手盅。

（二）西餐上菜顺序

西餐上菜与中餐不同，西餐是先由厨师将菜装在一个专用的派菜盘内，由服务员分派。派菜时，应该站在客人的左边，左手托盘，右手拿叉匙分派。西餐的派菜次序是女主宾、男主宾、主人和一般客人。西餐宴会的菜点，由于标准和要求的不同，道数有多有少，花色品种也不一样。西餐上菜顺序和方法见表6-1。

表 6-1 西餐上菜顺序和方法

顺序号	菜名	方法
1	上面包白脱	将热的小梭子面包装在小方盘内，盖上清洁的口布，另用小圆盘装上与客人数相等的白脱，在开席之前5分钟左右派上白脱放在忌司盘右上角，面包放在盘子中间，口布盖住面包，白脱刀移到白脱盅上
2	上果盘	吃果盘是放刀叉的，如果客人将刀叉合并直放在盘上，就是表示不再吃了。在大多数客人这样表示后，就可以开始收盘。收盘时应用小方盘，左手托盘，右手收盘，在客人的左边进行。第一只盘放在托盘的外面一点，刀叉集中放在托盘的一头，留出近身的地方叠放其余的盘子，将余菜都集中在第一个盘内，菜盘容易叠平多收，重心较易掌握，不致滑下打碎
3	上汤	清汤的盛器是带有二耳的清汤杯，浓汤用汤盆。夏季多用冷清汤，须将清汤杯冰得很冷。除已有清汤杯的底盘外，还应再垫上点心盘作垫盘，将清汤匙放在汤杯底盘内。浓汤须用热盆来盛，可以保持汤的味美。上汤要垫上底盘，手应握着底盘盘边，手指不可触及汤汁
4	上鱼	鱼有多种，烹调方法也不相同，有些鱼菜要有沙司，如炸鱼要带鞑靼沙司。分盘的鱼应带的沙司已放在盘内，不必另派
5	上副菜	副菜一般称为小盘，具有量轻、容易消化的特点，如红烩、白烩、烩面条、各种蛋和伏罗王等。吃副菜时用鱼盘和中刀叉

续表

顺序号	菜名	方法
6	上主菜	主菜又称大盘，跟有几色蔬菜和卤汁。在派好大盘后，将蔬菜和卤汁紧紧跟上。此外，还带有色拉（即生菜）。盛主菜应用大菜盘，盛色拉应用半月形的生菜专用盘（如果没有生菜专用盘，可用忌司盘代替），放在菜盘前面。主菜上去时蔬菜和卤汁应紧紧跟上，生菜盘也跟着递上，紧靠在主菜盘之前面
7	上点心	点心的品种很多，吃点心用的餐具也不同。如吃热的点心，一般用点心匙和中叉，吃烩水果一类的食品时应摆上茶匙。吃冰激凌，应将专用的冰激凌匙放在底盘内同时端上去
8	上奶酪	奶酪又叫忌司，一般由服务人员来派。先用一个银盘垫上口布，摆几种干酪和一副中刀叉，另一盘摆上一些面包或苏打饼干，送到客人左手，任客人自己挑选。吃完干酪，应收去台上所有餐具和酒杯，只留一个水杯（如来不及收，酒杯可暂时不收），并刷清台面上的面包屑等
9	上水果	先放上水果盘、水果刀叉和净手盅，将事先装好的果盘端上去。有的将水果盘作为点缀物事先摆上台子，待上水果时仅摆上忌司盘、净手盅和水果刀叉即可
10	上咖啡	一般早餐用大杯，午餐用中杯，晚餐用小杯，晚餐宴会也用小杯。在客人吃水果时，就可以将小咖啡杯一套（杯和垫盘）放在水杯后面。派咖啡用的盘应垫上口布，装上咖啡壶、牛奶盅、糖盅和糖钳等。斟咖啡前，应先放糖，放多少要征求客人意见，不可任意自放。个别喜欢喝清咖啡的，就不要放糖，也不要放牛奶。斟好咖啡后，收下水果盘和洗手盅，将咖啡杯移到客人的面前

六、尽量减少传菜差错

传菜部是承接楼面与厨房、明档、出品部之间的一个重要环节，起到传菜、传递信息的作用，是餐饮企业不可缺少的环节。因此，要做好对传菜人员的培训，从而控制成本。

 案例 ⟨ ……………………………………………………

某餐饮企业传菜部的每位传菜员都配有一枚印有专属编号的图章。当客人点餐完毕，传菜员将菜品传送到位时，传菜员要在台卡的相应菜品的后面盖上自己的图章。这些图章的数量，就作为绩效管理的考核点，每传一道菜品，可以得到一角钱的绩效工资。自从该饭店采用"计点式"的绩效管理办法以来，传菜员的工作积极性得到了很大的提高。以前传菜员是推着传菜，现在传菜员是争着传菜。整个部门的工作效率和传菜员的个人效益都得到了很大的提高。原先，在实行浮动工资的时候，大家基本上拿的工资也都相差不大，现在干得好的传菜员，每月能多拿100～200元的工资。员工开心，企业也高兴。

（一）规范传菜员主要工作操作程序

（1）优先服务程序。客人要求先上的菜，预定好的菜单先上冷盘。为保持菜肴温度，从厨房取出的菜一律加上盘盖，到顾客桌上再取下。

（2）传菜操作程序。传菜操作程序，具体如表6-2所示。

表6-2 传菜操作程序

序号	时间段	操作程序
1	开餐前	（1）检查传菜间卫生，整理好各种用具，保证开餐使用方便 （2）准备好开餐前各种菜式的配料及走菜用具，并主动配合厨师出菜前的工作
2	开餐时	（1）开餐时按要求站立，有次序地出菜 （2）厨房出菜时，应马上给该菜配上合适的配料，并告诉领班划单 （3）出菜必须用托盘 （4）出菜时须将菜送到所属的餐台边，由服务员端上台，并等服务员将菜拿起，菜盖放回托盘，才能离开 （5）接到菜单时，根据不同菜式，准备配料和用具，当厨房通知估清菜单时，应及时通知看台员工或领班，取消更改

（二）明确规定传菜员效率

（1）点完菜后，第一道菜上桌要在15分钟之内。

（2）传菜员传出的菜后必须在1分钟之内返回传菜部。

第三节 结账环节成本控制

餐厅不仅要抓好从原料采购到菜品生产、服务过程中的成本控制，更要抓好结账控制，才能保证盈利。结账过程中的任何差错、漏洞都会引起菜品成本的上升。

一、尽量避免出现跑账

（一）提前预防

餐厅里跑账的现象时有发生，这就要求特别留意以下几种情况，以便及时防止跑账、漏账事件的发生。

（1）生客，特别是一个人就餐的客人，比较容易趁服务人员工作繁忙时，借口上洗手间、出去接打手机电话、到门口接人等趁机不结账溜走。

（2）如果来了一桌人，却越吃人越少，则难免会有先逐步撤离，到最后只剩下一两个好借机脱身的嫌疑。

（3）对坐在餐厅门口的顾客要多留个心眼。

（4）对快要用餐完毕的客人要多留心，哪怕是顾客想要结账，也要有所准备。

（5）对于不考虑价钱，哪样贵点哪样的顾客，一定要引起足够的重视。

一般来说，公司即使是宴请重要的客人，也不可能全都点很贵的菜式，只要有一两样高档的、拿得出手的菜也就可以了，而且汤水和其他家常菜、冷盘也会占一定比例，这也是点菜的均衡艺术，更何况公司的宴请也会有一定的限额，是不可以任意胡吃海喝的。

（二）两种情境的处理

图6-1所显示的是在餐厅容易发生的两种情境及处理方法。

情境一	发现顾客逐个离场

当服务人员发现顾客在逐个离场时，要高度重视，做好以下工作

（1）需要服务其他顾客时，眼睛不方便注意这些顾客的动态，这时应及时向主管报告，请求主管抽调人手，派专人盯着剩余的顾客

（2）如果这时顾客提出要上洗手间，要派同性的服务员护送、跟踪，如果顾客提出要到餐厅外接电话，则请顾客先结账再出去

（3）负责服务的人员和负责迎宾的服务人员，要注意这些顾客的言行和动作，发现可疑情况时立刻报告，并安排专人进行跟踪，直至顾客结账

（4）不要轻易相信顾客留下的东西，如果其有心跑账，会故意将其实不值钱的包像宝贝一样抱住，目的就是吸引服务人员的注意，然后将包故意放在显眼的位置，让服务人员以为他还会回来取，从而给他留有足够的离开时间

情境二	客人不结账即离开餐厅

出现客人不结账就离开餐厅这种情况时，服务人员可按下述两条去做

（1）马上追出去，并小声把情况说明，请客人补付餐费

（2）如客人与朋友在一起，应请客人站到一边，再将情况说明，这样，可以使客人不至于在朋友面前丢面子而愿意合作

图6-1　两种情境及处理方法

二、结账时确认客人房间号

在为包间客人结账时，包间服务人员一定要陪同客人前往收银台或由包间服务人员代为客人结账。否则很容易出现错误，比如，弄错包间号或消费金额，给餐饮企业带来损失。

三、实行单据控制以控制现金收入

单据控制是餐饮企业有效控制现金的重要手段。单据控制最重要的是注意"单单相扣，环环相连"。餐饮企业的收入主要包括现金、餐单、物品三个方面。这三者的关系，具体如图6-2所示。

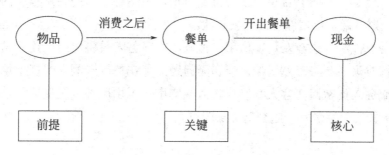

图6-2　现金、餐单、物品三者关系

通过图6-2可以看到，将餐饮企业的物品供客人消费，然后开出餐单，最后就收回现金。在这三者中，物品是前提，现金是核心，而餐单是关键。因此，餐饮企业要想管理和控制其现金就须将物品传递线、餐单传递线、现金传递线协调统一起来。

（一）账单的流程

无论餐厅大小、客人多少，其账单管理的流程都是一样的，目的是确保客人用完餐之后，能确实地收到客人所付的餐费，同时控制服务人员中饱私囊。

1.点菜

当客人进入餐厅，由领台带位坐定后，服务人员会拿菜单与酒单给客人过目。等客人点完酒、菜，在服务人员将客人所点的详细菜单与饮料记入点菜的三联单之后、送厨房之前，必须先将三联单交给出纳，让出纳登记，并在三联单上签字。这个步骤极其重要，其目的就是控制厨房的出菜，防止外场的服务人员作弊，私自收取账款而不交出来，使餐厅蒙受损失。

当出纳将点菜的三联单签好之后，服务人员将第一联立刻送厨房叫菜，第二联交给出纳做账，第三联由服务人员保存。出纳就是根据点菜的三联单中的第二联，将某桌的账单明细汇总出结账单。有时候虽然客人已点过菜，但是客人用餐至某一个程度时会加点菜，这时服务人员仍然要照前述的方法写点菜单，出纳会将加点的菜品明细再记入结账单中。结账单的明细应分为菜肴、酒、饮料、点心、水果等，让付账的客人可以一目了然。

2.结账

（1）现场结账。当客人用餐完毕后，通常高级的餐厅是由服务人员将结账单的明细送至桌前给客人过目，并核对有没有错误，然后由客人将钱付给服务人员，由服务人员代替客人往出纳处付账。如果是一般的大众化餐厅，则由客人拿着点菜单第三联往出纳处付款即可。目前，支付宝、微信二维码付款，也是属于现场结账的范围，就由顾客到收银台结账，收银员核计出总账，由顾客扫二维码付款，或者由收银员扫描顾客的支付二维码结账。

（2）签账。签账的客人往往是餐厅的贵宾，只要请他们在签账单上签上公司名称、地址、电话、金额，并签上名字与预定付款日期，出纳将客人的签账单连同结账单制成餐厅日报表交财务部，以后即可派人去收款。

（3）信用卡付账。如客人是以信用卡付账，由服务人员将信用卡连同结账单交给出纳，收银员核对黑名单与有效日期，一切无问题后才在信用卡刷卡凭证上填上付账的金额，然后由服务人员拿回请客人签字，客人签完字后再由服务人员交回出纳，收银员将信用卡签购单凭证、结账单一起交财务部即可。

3. 入账

收银员在每日下班前，应将所有的账单、现金、签账单、信用卡签购单，做成详细的餐厅日报表交总台入账，稽核员查核无误后，才能做成当日应收账款报告并交给财务部。如果是一般的独立餐厅，收银员在下班前做好餐厅日报表后，交财务部门即可。

（二）账单核查制度

餐饮收款的管理方法，普遍采用核查制度，这在下述情形中，更有其必要性：由同一个服务人员接受订菜，又要填写订单，同时还要搬运餐食供给客人，最后又要将账单交给客人索取现款时，采用此种制度最适合。当然最理想的方法是客人自己向餐厅的收银员直接付账，但一流的酒楼往往认为经过服务人员收款才算是服务周到。自助餐厅或快餐厅，实在无法个别记账时，最好请客人直接向出纳付款较为妥当。

所以，核查制度实际上只能适用于服务人员直接向客人收款的时候。

一般餐厅所采用的程序如图6-3所示。

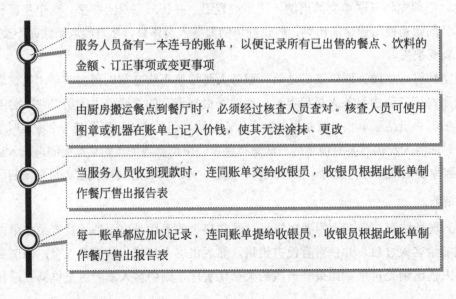

账单内的记录与计算有无错误，均可拿来与核查人员所做的出售记录互相核对

图6-3　直接向客人收款的核查程序

因此，各种核查制度的不同，是基于服务人员在账单内记入价钱的方法，或核查售出记录样式的不同而有所差别罢了。

四、有效监管收银作业

监管收银员的有效方法有三种，如图6-4所示。

方法一　现场巡视

（1）管理人员要经常在收银台周围巡查

（2）经常检查废纸篓中的作废小票，对收银台的遗留散货、杂物必须在规定时间内清理，确保机台无遗留的有效商品条码、小票及其他单据等

（3）对收银员在收银台放计算器或带涂改液、商品条码的行为立即纠正

（4）每天查看后台的相关报表

（5）定期盘点收银员的营业款和备用金，并认真登记每次的盘点情况

（6）监督收银员不得带私人钱钞进入收银工作区

方法二　备用金核查

（1）核查人员询问收银员备用金是否清点准确→清点备用金→填写"备用金情况抽查表"→请收银员签名确认

（2）核查人员每天有选择地对备用金进行核查，收银员应积极配合

（3）核查人员应填写"备用金情况抽查表"，并由收银员签字确认

（4）核查人员在核查备用金时如发现异常情况，应交由上级领导处理

方法三　收银机出现异常情况

收银机异常情况是指因网络故障或系统异常等原因，造成所有收银机都不能正常收银，需要采用手工收银的情况，这时应对下述操作进行监察

（1）监察收银员和抄写人员在第一单交易和最后一单交易注明收银员号及收银台号，以及每一笔交易的流水号，并在收银单上签名

（2）监察收银机纸应整卷使用，不能拆散使用；如收银纸因故被撕断，则需在断口的上半部分和下半部分处补签名，注明收银台号、流水号

（3）手工收银单第一联给顾客作消费凭证，第二联留存供查账及补录入

（4）如顾客使用银行卡付款，收银员应在手工收银单上注明卡号及发卡银行

图6-4　监管收银员的有效方法

第七章
宴会成本控制

经营宴会厅时，为避免增加成本，必须尽量减少浪费并将其他可能的损失减至最低，然后，在控制成本之余，更应确保食物的品质与数量不受影响。在宴会成本控制中，管理者要结合宴会生产经营的特点，把成本控制工作落实到生产经营活动过程中的每一环节，防止出现成本泄露点。

第一节　宴会成本概述

一、宴会成本的定义

宴会成本是指宴会生产经营过程中的全部消耗。它包括制作和销售的各种原料成本，管理人员、厨师与服务人员等的工资，固定资产的折旧费以及食品加工和保管费，餐具和用具等低值易耗品费，燃料和能源费及其他支出等。因此，宴会成本的构成和餐饮成本一样可以分为三个方面，那就是，食品原料成本、人工成本和其他经营费用。

二、宴会成本控制的内涵

所谓的控制一般是指将预定的目标或标准同反馈回来的实践结果进行比较，检测偏差程度，评价其是否符合原定目标和要求，发现问题，及时采取措施进行处理。成本控制是运用成本会计为主的方法，对企业经营活动进行规划和管理，将成本的规划与实际相比较，以衡量业绩，并按照例外管理原则，对不利差异予以纠正，以提高工作效率，不断降低成本。成本控制是餐饮企业实施战略管理的重要环节，是降低成本、提高效益的重要手段。

三、宴会成本控制的重要性

宴会成本的控制很重要，主要表现在以下几个方面。

（1）宴会成本成本控制关系到产品的规格、质量和销售价格，因产品的售价是以食品成本和规定的毛利率来计算的，成本的高低直接影响其售价，因此做好宴会食品成本控制是宴会工作的重要工作。

（2）宴会成本控制有利于满足客人需要并维护客人的利益。客人到餐饮企业举办宴会，不仅希望能够享受到精美的菜点和热情的服务，更希望餐饮企业提供的宴会产品物超所值，而为保证这一点，就必须进行成本控制。

（3）宴会成本控制直接关系到整个餐饮部和餐饮企业的营业收入及利润。餐饮企业在满足客人的宴会需求的同时，还担负着为餐饮企业提供盈利的任务。如果宴会成本失控，就会影响餐饮企业的经营成果，甚至造成不应有的亏损。为了保证餐饮企业获得良好的经济利益，加强宴会成本控制是必要的。

（4）宴会成本控制可以改善餐饮企业的经营管理。宴会成本控制的关键取决于宴会部门的管理水平，经营管理水平越高，成本控制就越好；反之就会产生成本失控的现象。

四、宴会成本的构成

（一）原材料成本

原材料成本是指宴会生产经营活动中食品和饮料产品的销售成本，原材料成本占宴会成本中的比例最高，占宴会收入的比重最大，是宴会部门的主要支出。据测算，我国餐饮原料（食品、饮料）的成本率在45%左右，宴会原料成本率低于普通餐的原料成本率。

（二）人工成本

人工成本是指在宴会生产经营活动中耗费人工劳动的货币表现形式。它包括工资、福利费、劳保、服装费和员工费用等。

（三）其他成本

（1）物料用品成本。

（2）在宴会厅用餐的顾客，除了要求可口的饭菜和热情周到的服务以外，还需要豪华的设备设施作为一种享受。因此，宴会厅的布置、桌椅、音乐及其他娱乐设施，要投入大量的资金。

（3）燃料、水电费。

（4）低值易耗品摊销。

（5）商品进价和流通费用。

（6）管理费。

（7）其他支出费用。

原材料成本和人工成本在宴会成本中比例都很高，是宴会成本构成中的主要成本，主要成本控制在很大程度上决定了宴会管理能否实现利润目标。因而，应特别重视主要成本的控制。

五、宴会成本的分类

成本分类的目的在于根据不同成本采取不同的控制策略。宴会成本可分为图7-1所示的几类。

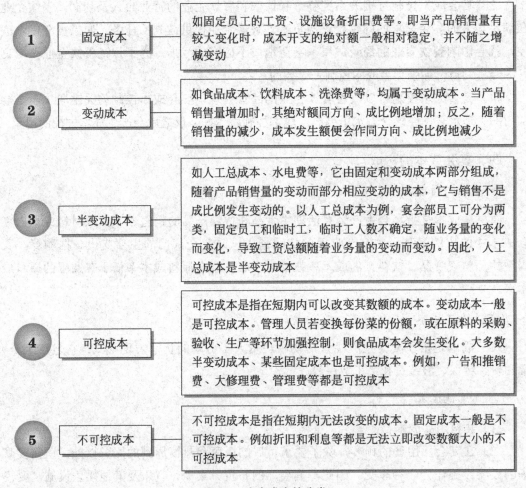

1	固定成本	如固定员工的工资、设施设备折旧费等。即当产品销售量有较大变化时，成本开支的绝对额一般相对稳定，并不随之增减变动
2	变动成本	如食品成本、饮料成本、洗涤费等，均属于变动成本。当产品销售量增加时，其绝对额同方向、成比例地增加；反之，随着销售量的减少，成本发生额便会作同方向、成比例地减少
3	半变动成本	如人工总成本、水电费等，它由固定和变动成本两部分组成，随着产品销售量的变动而部分相应变动的成本，它与销售不是成比例发生变动的。以人工总成本为例，宴会部员工可分为两类，固定员工和临时工，临时工人数不确定，随业务量的变化而变化，导致工资总额随着业务量的变动而变动。因此，人工总成本是半变动成本
4	可控成本	可控成本是指在短期内可以改变其数额的成本。变动成本一般是可控成本。管理人员若变换每份菜的份额，或在原料的采购、验收、生产等环节加强控制，则食品成本会发生变化。大多数半变动成本、某些固定成本也是可控成本。例如，广告和推销费、大修理费、管理费等都是可控成本
5	不可控成本	不可控成本是指在短期内无法改变的成本。固定成本一般是不可控成本。例如折旧和利息等都是无法立即改变数额大小的不可控成本

图7-1　宴会成本的分类

六、宴会成本的特点

（一）变动成本和可控成本比重大

宴会成本费用中，食品饮料等变动成本大，随销售数量的增加而成正比例地增加，除营业费用中的折旧费、大修理费、维修费等不可控的费用外，其他大部分费用成本以及食品原料成本都是管理人员能控制的费用。这些成本发生额的多少直接与管理人员对成本控制的好坏相关，并且这些成本和费用占营业收入的很大比例。

（二）成本泄露点多

成本泄露点是指宴会经营活动过程中可能造成成本流失的环节，如对食品饮料的采购、验收控制不严，或采购的价格过高，数量过多会造成浪费，数量不足则影响销售。采购的原料不能如数入库，采购的原料质量不好都会导致成本提高。对加工和烹调控制不好会影响食品的质量，还会加大食品饮料的折损和流失量，对加工和烹调的数量计划不好也会造成浪费。餐饮服务不仅关系到顾客的满意程度，也会影响成本率。例如，加强宴会上饮料的推销会降低成本率。因此菜单计划、采购、加工、切配、烹调、服务等环节都有成本泄露的机会，即都可能成为成本泄露点。对任一环节控制不严都会产生成本泄露。

七、宴会成本控制系统

为了有效地控制宴会成本，避免某一个环节成本控制严格，另一个环节成本流失严重，导致成本并没有得到真正控制的局面，必须对宴会成本进行全面控制，确保企业在盈利的情况下经营，堵住每一个环节的成本漏洞。

为了有效控制宴会成本，针对宴会生产经营活动中环节多、控制范围广的特点，必须加强对宴会成本的全面控制，确保餐饮企业在盈利的情况下经营，以堵住宴会中每一个环节、每一道服务程序中可能的成本漏洞。因此，把具体的宴会成本控制划分为两大部分，如图7-2所示。

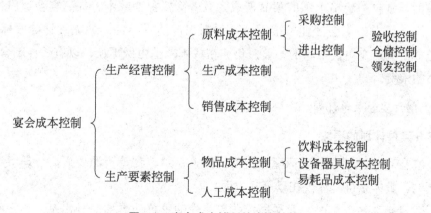

图7-2 宴会成本控制的内容结构

餐饮企业在制定指标数额、确定岗位要求、明确人员责任时，要紧紧围绕成本控制系统机构，把控制任务数量化、具体化，建立与之相适应的成本控制中心和责任中心，并在此基础上运用和循环，达到科学全面的成本控制目的。

第二节　宴会成本控制的要领

一、合理制定宴会菜单的成本率和毛利率

宴会成本率应是一个变动的概念，即根据宴会形势的发展变化随时调整成本率，而不应几年甚至十几年一贯制。现在，宴会市场蓬勃发展，竞争非常激烈，宴会利润正逐步进入社会平均利润（或微利）时代，按高额利润（或暴利）时代确定的餐饮成本率很有必要做一番调整。比较可行的办法是适当调高成本率（或保持成本绝对额不变，降低销售价格），例如，某餐饮企业通过降低宴会菜单价格，采取"薄利多销"的经营方式，不断扩大客源，稳定和发展新客户。这样使宴会成本率与非大众化餐饮成本率接近，通过发挥宴会自身的优势和优质、特色服务，做大宴会市场，积极参与到与非餐饮企业竞争的行列，通过扩大营业收入，相对降低变动成本支出总额来提高宴会收益。

每个餐饮企业都要根据自身的规格档次以及市场行情合理制定毛利率，并分部门制定毛利率以及上下浮动比例（比如热菜、凉菜、酒水的毛利率是不一样的），制作菜品成本卡，使成本控制与厨师奖金挂钩；可以通过成熟的计算机系统实现营业收入的每日见成本，实现成本分解，进销核对，通过销售的菜品数量计算出主辅助料的理论成本，并自动核减库存量，期末与库存管理系统提供的实际盘点成本报表进行比较分析。

二、食物成本的控制

由于食物成本在宴会厅经营成本中占有一定比率，所以适时更换固定标准菜单中因时节替换而导致材料价格上涨的菜品便成为有效降低食物成本、提高宴会部门盈利能力的方法之一。因此，宴会厅通常根据食品原料出产的季节性，事先设计各式标准菜单，供顾客选择。倘若有更换菜品的必要，仍应在成本范围内做更换，以有效控制食物成本，避免无谓的浪费。

（一）制订宴会菜单计划

1.宴会菜单计划的要求

通过宴会菜单计划，科学调配餐饮部门的人、财、物等资源要素，合理组织宴会生产经营活动。具体来讲，体现在以下几方面。

在制订宴会菜单计划时，要从固定菜单、变动菜单的具体品种出发，结合原材料的市场供应情况和价格变动状况，适时地调整所选用原材料的品种，特别是要把握各种食品原料出产的季节性，在不影响菜品质量特色的前提下，有效地控制原料成本。

可以根据不同的层次和宴会性质制定一些常用的菜单，例如：婚宴菜单、会议菜单等。

可以根据客人的要求灵活安排菜单，但一定要核算菜单的成本并提前与客人进行确

认，将已确认的菜单送到厨房，让厨房提前做好准备，保证菜品质量。

2.严格控制单个菜肴的成本

在设计宴会菜单时，要严格控制单个菜肴的成本，主要通过两个方面进行控制：第一，要注意菜肴的标准分量，即在菜肴配份上分量标准化；第二，标准菜谱，就是利用各种食品菜肴的标准配方卡，对相关的食品菜肴所需原料、配料、调料的准确数量，制作成本，烹调方法，售价等进行反映，并以此制作作为标准成本进行控制。

（二）加强原材料的采购控制

1.建立原材料采购计划和审批流程

宴会管理人员要根据宴会的营运特点，制订周期性的原料采购计划，并细化审批流程。如每日直接进厨房的原材料按当天的经营情况和仓库现有储存量，来制定次日的原材料采购量，并由行政总厨把关审核。重要的原材料如燕窝、鱼翅、鲍鱼等要实行二级控制，要经总厨申报，餐饮总监审核报总经理审批，减少无计划采购。对于计划外及大件物品，则必须通过呈报总经理批准进行采购。

另外，由厨师长或宴会部的负责人在宴会单下达后或宴会开始的前两天根据原料和宴会物资储备情况确定食品原料和物资采购量，并填制采购单报送采购部门。采购计划由采购部门制订，报送财务部经理并呈报总经理批准后，以书面方式通知供货商。原材料采购申请单见表7-1。

表 7-1 原材料采购申请单

年 月 日				编号：		采购项目 项	备注
产品名称		婚宴菜单			合计：		
生产日期		2016年12月28日					
编号	材料名称	单位	预算数量	本次采购量	单位价/元	本次采购价/元	
1	金针菇	千克	5	6	5	30	
2	香菇	千克	3.5	4	5	20	
3	胡萝卜	千克	11	15	0.6	9	
4	带鱼	千克	15	20	12	240	
5	海蜇	千克	3.5	4	18	72	
6	番茄	千克	7	10	2.5	25	
7	小黄瓜	千克	8	10	3	30	
8	芦笋	千克	20	25	7.5	163	
9	五花肉	千克	15	20	13	260	
10	黑木耳	千克	10	13	40	520	
11	草鸡	只	8	10	20	200	

续表

编号	材料名称	单位	预算数量	本次采购量	单位价/元	本次采购价/元	备注
12	青豆	千克	27	30	4	120	
13	虾仁	千克	40	45	30	1350	
14	小鲍鱼	只	200	220	10	2200	
15	杏鲍菇	千克	10	15	7.7	100	
16	猪肉	千克	12	15	11.5	173	
17	皇帝蟹	只	22	25	240	6000	
18	伊面	千克	10	12	3	26	
19	澳洲龙虾	只	20	22	400	8800	
20	苋菜	千克	35	40	2	80	
21	青菜	千克	35	40	2	80	
22	乌骨鸡	只	20	25	75	1875	
23	银耳	千克	7	10	28	280	
24	芋头	千克	25	30	1.5	45	
25	芹菜	千克	9	10	1.5	15	
26	水果					500	
27	辅料					1000	
申请人签字		仓管责任人签字		财务责任人签字		主管责任人签字	

2.原材料采购价格调查与评估

财务部要设立专门的物价人员，定期对日常消耗的原辅料进行广泛的市场价格咨询，坚持货比三家的原则，对物资采购的报价进行分析反馈，发现有差异及时督促纠正。对于每天使用的蔬菜、肉、禽、蛋、水果等原材料，根据市场行情每半个月公开报价一次，并召开定价例会，定价人员由使用部门负责人、采购人员、财务部、物价人员等组成，对供应商所提供物品的质量和价格进行公开、公平的选择。对新增物资及大宗物资、零星紧急采购的物资，须附有经批准的采购单才能报账。

（三）严格控制采购原料物质的库存量

餐饮企业应充分利用现代手段，如计算机管理库存量，并设立计算机自动报警，及时补货等功能全面对食品和宴会物质的库存进行管理。对于滞销菜品原料和酒水等的保质期，通过计算机统计出数据及时在有效期内使用并减少采购库存量，以避免原材料过期变质造成浪费。

（四）做好发货管理工作

发放控制的目的是按宴会需要发放与需求符合的原料规格和数量，从源头上控制成本支出。仓库应设立签字样本，特别是贵重物品要专人领用。仓库管理人员做好原料出入的台账登记工作，这样可以很明显地看到每日经营情况与原料领出的数量比。

三、加强对菜品生产环节的管理

作为宴会产品的制造部门——厨房，要提高各种原材料的综合利用率。要经常地、不定期地对厨房各部实际考核定额的执行情况，检查各菜品、主食的定额成本与实际操作有无差异，有无"跑、冒、漏、滴"及因保管不善而发生原材料残损或变质现象，把厨师的奖金与出品业绩和成本控制挂钩，实行岗位责任制原则，以提高厨师的节源积极性。要在保证宴会产品质量的前提下，在菜式的设计方面下功夫，要综合利用原材料，减少辅料和边角料的浪费，这样才能控制成本支出的增长。

四、人力资源费用的控制

由于宴会厅具有淡旺季的差异以及生意量不固定的特点，所以必须对正式员工聘用人数进行严格控制。员工聘用人数的计算方式为，将月平均营业额除以每人每个月的产值，便得出应雇用的正式员工人数。但每人每月的产值仍根据地区性及餐饮价值不同而有所差异，例如，与相同员工数的一些餐饮相比较，另一些餐饮因一般价位较高而具有较高的平均产值。

（一）涉及变动成本的员工

宴会服务员、洗碗工、厨师及厨工，都属于这种类型的员工。大部分宴会事先都有预约，宴会厅是根据预约准备宴会的，因此宴会都在各日及每日各时段对服务的需求量变化很大。在节假日一般营业量达到高峰期，工作量增加，需要大量的员工来工作。而在非高峰时间，可用较少量员工来应对营业，显然这类涉及变动成本的员工在高峰期比在低潮期需要配备的人数要多。为适应宴会进行时大量的人力需求，应将人力资源成本降到最低，如果宴会厅全部使用正式工，生意清淡时也要照付工资，并且正式工享受各种劳保、奖金等待遇，对企业负担较大。宴会厅中有许多工作属于非技术或半技术性，可以雇佣临时工。事实证明，只要有一些固定员工起核心作用，并对临时工稍加训练，宴会厅的经营活动是能够正常进行的，而且不会影响服务质量。使用临时工的要点如图7-3所示。

另外有的餐饮企业实行弹性工作制，宴会部生产忙时，上班人数多；经营清淡的时间可以少安排员工上班。而有的宴会部则实行两班制或多班制，这样分班，岗位上的基本人数就能满足宴会部生产的运转，可以节省人工。为保障宴会部的生产和销售服务质量，正式工的数量不能过少。管理人员应预先估计好数量并安排好临时工，特别是忙季要预先做好安排。

要点一　要尽量定时

定时雇佣临时工，可使临时工预先安排好自己的时间，保证宴会厅的人力需要。同时，长期使用一些定时的半职临时工，可使这些临时工积累工作经验、提高服务技术，并使餐厅减少招聘费用和人力

要点二　注意技术培训

尽管雇佣临时工的工作一般属于半技术性或非技术性，但为保障服务质量也有必要对他们进行技术培训

要点三　每天雇佣的时间要合适（尽量不要少于 3～4 小时）

半职工由于不是每天上班 8 小时，平均每小时的工资要比全日临时工高些

图7-3　使用临时工的要点

（二）涉及固定成本的员工

涉及固定成本的员工包括宴会部经理、宴会厨房厨师长、收银员等员工，这类员工的需要量与营业量的关系很小。不管营业量多少，宴会部的经理、主厨只有一名。这些员工的班次比较固定。有时营业量增加很大时管理人员可以调整班次或让员工加班。有些宴会部营业量下降很多或者在生意清淡时，在安排涉及固定成本的员工时，管理人员为了精简人员可采用图7-4所示方法。

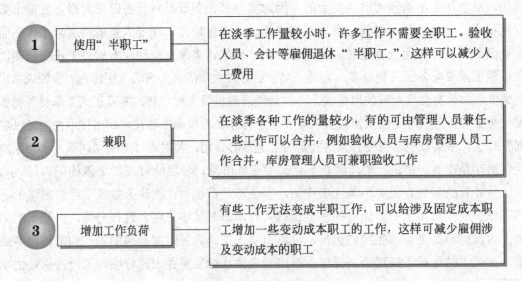

1	使用"半职工"	在淡季工作量较小时，许多工作不需要全职工。验收人员、会计等雇佣退休"半职工"，这样可以减少人工费用
2	兼职	在淡季各种工作的量较少，有的可由管理人员兼任，一些工作可以合并，例如验收人员与库房管理人员工作合并，库房管理人员可兼职验收工作
3	增加工作负荷	有些工作无法变成半职工作，可以给涉及固定成本职工增加一些变动成本职工的工作，这样可减少雇佣涉及变动成本的职工

图7-4　精简人员的方法

五、水电、燃料费用与事务费用的控制

以宴会厅动辄数百位客人的营业规模来看，其所使用的灯光、空调等设施都属于大耗电量的设备，水的使用量也不容小视。由这些必然产生的水电费、燃料费等费用可知宴会厅的营业费用支出十分庞大，倘若不能够有效控制设施使用的花费，便很容易造成财务上无谓的负担。以下就设施使用以及作业要点两个部分，具体说明控制费用的方式。

（一）设施使用

1.照明

厨房内将白天能利用自然光的区域与其他区域的电源分开，并另设灯光开关，以便控制日夜灯光的开启与关闭。营业现场内的灯光采用分段式开关，分营业时段以及早、晚、夜间清洁、餐前准备工作等不同时段，在电源上标示出来以便操控，并视不同需要分段使用。

宴会厅内水晶灯应设置独立开关，以方便夜间分区域清洁时，使用其他较省电的照明设备。根据实际经验确定夜间清洁所需的打扫照明，并装置独立开关进行有效控制，以免浪费能源或缩短灯泡使用寿命。

宴会厅后台单位，如办公室、仓库及后勤作业区等，应尽量用日光灯以代替灯泡，节省能源。采用节能灯，也可以节省能源。

2.空调

冷气开关应采用分段调节式，以有效达到控温效果并节约能源。例如，在宴会开始前，准备工作时段仅需启动送风功能即可。

3.水

预防漏水，尤其需特别注意各设施的衔接处及管道连接部分。公共场所尽量使用脚踏式用水开关。因为自动冲水系统设备在使用前后都会自动感应，比较浪费水，甚至发生错误动作。

4.计量

以各营业部门为单位，加装分表或流量表，以便追踪考核各单位设施使用控制的成效。运用电力供应系统的时间设定功能，自动控制各区域的供电情况，如控制冷气、抽排风、照明系统等设施的供电，切实管制用电。

（二）作业要点

1.电源

宴会开始前半小时播放音乐，宴会结束后立即关闭。宴会中，客人用电需求大时应由工程部指导客人做配电工作。若顾客提出需提前在半夜进场布置时，仍应按照宴会厅的一般规定，避免开启所有灯具。宴会结束后，应立即关闭冰雕灯或展示用灯电源。宴

会结束后应立即进行清理，尽量缩短员工善后工作的时间，以节约用电。

洗碗机应装满盘碟后才启动运转。灯具应定期清理，以提高其照明度。厨房食物尽量采取弹性的集中储存方式，仅运转必要的冷藏、冷冻设备。宴会厨房工作人员需注意冷冻库、冷藏库的温度调节正确与否。无宴会时，勿开启空调。空班时间应确实关闭电源。若无持续使用的需要，应随时拔除电源插头。工程维护人员在非营业时间进行维修工作后，务必关闭电源。

2. 水

用水时水量应调至中小量，以避免浪费。各场所的清洁工作应避免使用热水，尽量以冷水冲洗。水龙头如有损坏，应尽快通知维修部门。

3. 煤气

使用煤气时，应留意控制火势，非烹调时段应将火熄灭。使用完毕后，应确实关闭煤气开关。炉灶上的煤气喷嘴应定时清理，随时保持干净，应确保煤气燃烧完全。

4. 器皿耗损费用的控制

对造价较高的设备应重点控制，对器具采用个人责任制进行控制。物品的控制应从一点一滴抓起，即不仅依靠有关规章制度的约束和几个管理人员的监督，还要让每一位员工意识到物品的节约与餐饮的前途和个人前途的关系，让员工积极主动地去节约物品，降低成本。

宴会厅要对新进员工、洗盘人员及临时工进行培训，务必使其在实务操作上具备正确认识，以减少不必要的损失。除了相关工作培训外，主管人员可运用收益比例的观念，说明损坏任何器皿都需以加倍的生意才能弥补损失，让每个员工都形成爱惜公物的观念，小心谨慎地处理每一件器皿。至于器皿耗损管理方面，大部分餐饮企业都以盘点时的耗损率为基准，由各单位自行处理；有些宴会厅则列有惩处的办法，视情况予以惩戒；有些甚至公布每个器皿的价钱，以向员工警示。总之，合理的器皿耗损费用控制仍应以充分培训员工并培养员工正确的观念为主，惩戒方式则可视情况而定，并无定论。

六、定期进行科学而准确的成本分析

财务部、餐饮部、采购部每月月末应召开成本分析会，与宴会管理者、宴会销售人员以及厨师长一起，结合当月的经营收入情况和成本支出以及与以前月度的成本进行对比分析，分析每一菜品、每一宴会、每一个厨房的成本率，将各单位的成本与实现的收入进行对比，并分别规定不同的标准成本率，对成本率高的项目进行统计查找，分析原因，并编制成本日报表和成本分析报告书，最终达到降低成本、提高收益的目的。

08

第八章
其他成本费用控制

引言

对于餐饮企业而言，还有很多让人不太注意却消耗企业资金的费用，如经常性支出费用（租金、广告费用、刷卡手续费、折旧费、停车费、修缮费），以及餐具损耗、低值易耗品的损耗、外包业务费用。这些费用若加以有效控制，则经营成本必大大降低。

第一节　人工成本控制

人工成本控制是在保证服务质量的基础上，对劳动力进行计划、协调和控制，使其得到最大限度的利用，从而避免劳力的过剩或不足，有效地控制人工成本支出，提高利润。

一、确定员工工资

工资是指员工每月领取的基本工资，不包括补贴、分红，是餐厅付给员工预先确定数额的主要劳动报酬，在确定员工工资时一定要适度，过低不利于稳定员工队伍，过高则会增加餐厅经营成本。

（一）确定原则

员工工资与员工岗位的职责挂钩，尤其是负有管理和经营责任的管理岗位，包括主厨和领班，要根据其实际水平和业绩增减。

如果是新开张的餐厅，尚无经济效益可言，在员工工资问题上必须坚持以下几点。

（1）无论是否有相应的工作经历，都必须经过招聘考核和试用期的考察。

（2）在思想、技术、作风和纪律等方面都符合餐厅提出的要求后，才能按照餐厅规定的岗位基本工资标准领取工资。

（3）为了稳定员工队伍，吸引工作表现好、经验丰富的员工长期为餐厅工作，应按年逐步增加其基本工资。

（二）确定程序

对于餐厅员工工资的确定程序，主要包括以下几步。

（1）试用期工资，一般为所在岗位基本工资的60%～80%，且没有奖金或其他福利。

（2）岗位基本工资，根据餐厅效益及其他奖金福利。

（3）岗位基本工资加上按照在餐厅的工作年限增加的年资工资额及相应福利。

二、制定员工奖金制度

许多餐厅为了激励员工，都会采用奖金方式，如季度奖、年终奖等。因此，奖金也是人力资源费用中的一个重要组成部分。但是，如何对员工奖金进行管理，则是一个问题，餐饮企业应该就奖金制定一个奖金管理制度加以规范。

三、员工福利

福利是对员工生活的照顾，是公司为员工提供的除工资与奖金之外的一切物质待遇，是劳动的间接回报。根据福利内容，可以划分为法定福利和餐厅福利。

（一）法定福利

政府通过立法要求餐厅必须提供的，如社会养老保险、社会失业保险、社会医疗保险、工伤保险、生育保险等。

（二）餐厅福利

用人单位为了吸引员工或稳定员工而自行为员工采取的福利措施。比如工作餐、工作服、包食宿、团体保险等。餐厅如果为员工提供住宿，一定要管理好宿舍，最好可以制定一个宿舍管理规定，以达到规范化管理。餐厅可以制定一个标准的福利制度，以此规范全体员工福利的发放。

四、员工招聘费用控制

餐厅招聘员工需要一定的费用，如招聘场地费、会议室租用费、广告牌制作费、往返车费、食宿费以及其他人工成本费用。因此，如果不是特别需要，可以减少招聘次数，从而节省招聘费用。最重要的是，要降低员工的流失率，最终减少员工招聘。

 相关链接 ‹

招聘环节把关，降低员工流失率

目前，餐厅的员工流动率是非常高的。要善用员工、留住员工为餐厅效力。不仅要留住员工的人，更要留住员工的心，真正关心和照顾好每一个员工。

合理的流失率有利于保持活力，但如果流失率过高，将蒙受直接损失（包括离职成本、替换成本、培训成本等）并影响到餐厅工作的连续性、工作质量和其他员工的稳定性。因此要做好防范措施，降低员工流失率。

如果从员工招聘入口把好关，起到"过滤层"作用，"淘"进合适员工，可以在成功招聘员工的同时，又能保持员工在餐厅发展的可持续性，为降低员工流失率起到防微杜渐作用。

1.员工思想

在员工招聘时从战略上考虑到员工在餐厅的持续发展性，为降低员工流失率起到第一层过滤防范作用。

（1）价值取向。成功的员工招聘应该关注员工对组织文化、价值追求的认可程度。与餐厅文化不能融合的人，即使是很有能力和技能的员工，对餐厅的发展也会有不利之处。在进行筛选工作的时候，就开始让应聘者充分了解餐厅的工作环境、餐厅文化。

（2）团队融合度。在招聘过程中，除了关注员工基本素质外，还应认真分析拟任团队结构特点，如团队成员的学历、性别、年龄、观念、价值取向等。尽量减少不必要的员工团队磨合成本，增加员工与团队的融合度。

（3）招聘与培训有机结合。在招聘员工时更多的应是考虑员工长远发展。对新聘员工在上岗前针对岗位要求进行导向性培训（包括环境介绍、业务熟悉、了解工作关系、了解餐厅文化等），让员工适应岗位。

2.对应聘者坦诚相见

招聘员工需要给应聘者以真实、准确、完整的有关职位的信息，才可能产生雇员与餐厅匹配的良好结果，从而带来比较低的流失率。

3.告知餐厅发展前景

餐厅发展前景是留住员工因素之一。首先，餐厅在招聘员工的过程中应明确告知餐厅的战略和发展目标是否长远。其次，餐厅内部管理的机制是否合理，包括餐厅的管理策略、员工观念、餐厅管理的价值观。

如果员工感觉餐厅的发展前景不明朗，目标或愿景无法实现，在这种情况下，员工会认为即使自己努力也不会有结果，那么不会选择努力工作而会选择离开。

4.引入职业生涯计划概念

在应聘者进餐厅时，根据其个性特点和岗位性质量身设计职业生涯计划。在招聘员工时，针对不同岗位员工的职业生涯计划采取不同的策略。

对一般岗位的员工，结合其意愿告知其职业生涯的方向，也就是说他在餐厅今后的大致发展方向，而不需要花太多的精力。

如果在应聘者进入餐厅时，就让其有了职业生涯的概念，对未来有一份憧憬，若选择留下来，会为自己的职业生涯而努力，为餐厅的发展和自己的发展坚定地留下来。

五、人工成本控制方法

（一）定岗、定员

定岗、定员是否恰当，不仅直接影响到劳动力成本的开支、员工队伍士气的高低，而且对餐饮生产率、服务质量以及餐饮经营管理的成败有着不可忽视的影响。餐饮经营者应综合考虑以下因素，定岗定员才能更合理。

（1）餐厅档次和布局。

 相关链接

怎样合理安排餐厅动线

餐厅动线是指顾客、服务员、食品与器皿在餐厅内流动的方向和路线。

顾客动线应以从大门到座位之间的通道畅通无阻为基本要求。一般来说，餐厅中顾客的动线采用直线为好，避免迂回绕道，任何不必要的迂回曲折都会使人产生一种人流混乱的感觉，影响或干扰顾客进餐的情绪和食欲。餐厅中顾客的流通通道要尽可能宽敞，动线以一个基点为准。

餐厅中服务人员的动线长度对工作效益有直接影响，原则上越短越好。在服务人员动线安排中，注意一个方向的道路作业动线不要太集中，尽可能除去不必要的曲折。可以考虑设置一个"区域服务台"，既可存放餐具，又有助于服务人员缩短行走路线。

（2）食品原料的成品、半成品化。

（3）菜单的品种。

（4）员工的技术水准和熟练程度。

（5）客流量和生产规模。

（二）制定人工安排指南

人工成本控制的前提是保证服务质量，餐厅经营者必须制定出体现服务质量要求的操作标准，并依此制定出各项劳动安排指南。

1.最低劳动力

对于不随业务量大小而变更的餐饮企业经营所必需的最低劳动力，如餐厅经理、会计、主厨师长、收银员、维修工等这部分固定劳动力的工资占餐厅人工成本支出的相当一部分，餐厅应有固定的劳动力标准，并尽可能安排在关键岗位上。

2.变动劳动力

对于随着业务量水平的变化而浮动，即当餐厅生产更多的菜品、接待更多的客人时，将需要更多的服务人员和生产人员，应根据淡、旺季来解雇或招聘，以减少费用开支。餐厅中至少有50%的工种可以根据需要来灵活调配人员，只要餐饮经营者能科学地进行劳动力安排，就能降低劳动成本。

（三）确定劳动生产率

餐厅衡量劳动生产率的指标主要有两个：一是劳动生产率；二是劳动分配率。劳动生产率是衡量企业中平均每位员工所创造的毛利率。

提高劳动生产率的首要因素是要培训员工树立经营观念，积极开拓市场，节约开支，提高企业的毛利。其次是要合理地安排员工的班次和工作量，尽可能减少员工的雇用数量，减少员工无事可干的时间，减少人工费开支。

标准生产率可由两种方法来定，具体如图8-1所示。

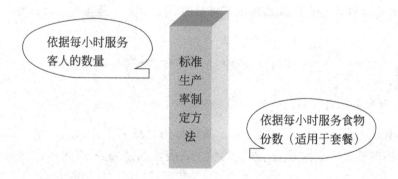

图8-1 标准生产率制定方法

这两种方法都可以清楚算出服务员工的平均生产率，以此可以作为排班的根据。

根据标准的生产率，配合来客数量的不同进行分配。分配时需注意每位员工的工作量及时数是否合适，以免影响工作质量。

 案例 ‹ ···

　　某餐厅共有5名服务员，一共有1个大厅7个包间，都在同一个平台，包房分布在大厅的两边。最大的包房设有2张台，共24个餐位，最小的包房8个餐位，总共分

2个餐次。一般顾客都选择在包间用餐，大厅很少有客人，服务员主要是传菜和上菜，有专门的迎宾和点菜人员。该店对员工分配是按照以下方法进行的。

（1）将员工分为2个餐次，每个餐次中都有服务员、迎宾员、点菜员，这些人员在营业高峰期是同时存在的。保障餐厅经营的整个时段，都有相关的人员提供服务，并做好下一个餐次的准备工作。如果经营时间是11:00～22:00，那么一个班次的工作时间可为10:00～14:00，17:00～22:00，另一个班次为12:00～21:00。

（2）最大的包房安排1名服务员，其他包房基本做到2个间房安排1名服务员，大厅如果有客人，则由迎宾及点菜员提供服务。

（3）7个包房，最大的包房要接待2桌顾客，因为只有5个服务员，还要承担传菜的任务，比较紧张，因此可至少后备1名。因为包房的正常服务需要4名服务员，再加上休假人员。为了让服务提高档次，应在人员上做好合理的安排。

另外，该餐厅还应有以下相关事项。

（1）迎宾员、点菜员或是服务员，只是分工的不同。因此，对卫生、服务、收捡等工作事务，都要做好明确的安排，既讲究分工又要有合作。

（2）每个班次所负责的具体事务要有界定，要求必须完成方可下班。否则就会形成恶性循环，上一个班次推一下班次，下一个班次又推上一次班次。

（3）其他工作已完成，且已到达下班时间，还余有一两桌客人时，可灵活安排值班人员。

（四）合理配备人员

确定了餐厅所需要的员工定额后，应考虑如何把这些员工安置在最合适的工作岗位上，使其发挥出最大的工作效能。员工岗位的设置，具体如表8-1所示。

表8-1 员工岗位设置

序号	类别	具体说明	备注
1	量才使用，因岗设人	（1）考虑各岗位人员的素质要求，即岗位任职条件，选择上岗的员工要能胜任其岗位职责 （2）认真细致了解员工特长、爱好，尽可能照顾员工意愿，让其有发挥聪明才智、施展才华机会	不要因人设岗，否则将会给餐饮经营留下隐患
2	不断优化岗位组合	优化餐厅岗位组合是必须的，同时发挥激励和竞争机制，创造一个良好的工作、竞争环境，使各岗位的员工组合达到最优化	在实际操作过程中，可能会发现一些员工学非所用或用非所长，或暴露出引起班组群体搭配欠佳等现象

续表

序号	类别	具体说明	备注
3	利用分班制	根据餐厅每日营业中高峰和清淡时段客源的变化，供餐时间的不连贯及季节性显著的特点，可安排员工在上午工作几小时，下午工作几小时	在不营业或经营清淡时段可不安排或少安排员工上班，这样可以节省劳动力
4	雇用临时工	为节约开支，便于管理，餐厅需要有一支兼职人员队伍	雇用临时工应尽量定时，在保证人力需要的同时，注意进行技术培训，以保证服务质量
5	制定人员安排表	人员安排表是一种人员的预算，说明员工人数应随顾客人数的增加而相应增加，随着顾客人数的减少而相应减少	根据经营情况和所能提供的服务及设备条件，制定人员安排表

（五）提高工作效率

提高工作效率是降低成本的关键。认真研究整个工作过程中的每个步骤，改变操作规程，精简员工的无效劳动。不同程度地使用机器设备，厨房设备的机械化、自动化，改善食品卫生条件，减轻体力劳动，提高劳动效率。

（1）尽量使用自动化水平高的厨房用具。在保证质量的前提下，缩短切配烹调时间，减少工作人员。例如以自动洗碗机代替人工洗碗。

（2）计算机在餐厅中点菜、收银方面的应用，缩短时间、提高效率。

（3）注重员工培训，提高员工服务技能，减少差错出现、成本浪费和操作失误。

 相关链接

培训费用由谁承担

员工培训包括新入职培训和在职培训。为了提高员工的基本素质，需要对员工进行培训。不要认为培训会花费钱，培训可以吸引员工、培养员工、留住员工、提高餐厅的核心竞争力。如果培训达到预期效果，可以激发员工的个人潜能，从而提高员工工作积极性。

《中华人民共和国劳动法》规定："用人单位应当建立职业培训制度，按照国家规定提取和使用职业培训经费，根据本单位实际，有计划地对劳动者进行职业培训。从事技术工种的劳动者，上岗前必须经过培训。"

由此可见，用人单位为劳动者进行岗前培训等一般培训，是用人单位应尽的法定义务，同时也是劳动者享有的法定权利。因此，用人单位不得要求劳动者承担岗前培训产生的培训费用，也无权向劳动者追索这些培训费用。

同时还规定："劳动者享有平等就业和选择职业的权利、取得劳动报酬的权利、休息休假的权利、获得劳动安全卫生保护的权利、接受职业技能培训的权利、享受社会保险和福利的权利、提请劳动争议处理的权利以及法律规定的其他劳动权利。劳动者应当完成劳动任务，提高职业技能，执行劳动安全卫生规程，遵守劳动纪律和职业道德。"

（4）重新安排餐厅内外场的设施和动线流程，以减少时间的浪费。

（5）改进分配的结构，使其更符合实际需要。

（6）加强团队合作精神培训，以提高工作效率。

（7）尽可能一人兼几职或多用钟点工，如前厅经理、营业主管兼任迎宾员；维修工、司机、库管、财务兼传菜员；库管兼酒水员；吧台主管、迎宾主管兼办公室文员；水台、粗加工兼洗碗工。

（六）控制非薪金形式人工成本

控制非薪金形式的人工成本支出具体针对方面，如图8-2所示。

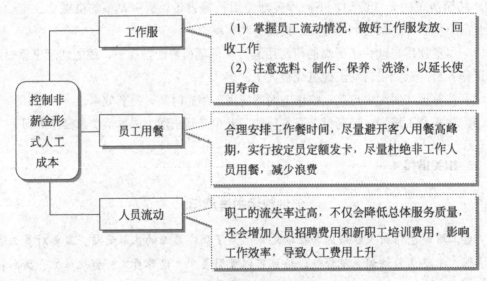

图8-2　控制非薪金形式人工成本

 相关链接

"共享员工"

未来10年，"灵活用工"将成为中国人力资源供给的一个最大变化。

2020年初，新冠肺炎的出现，导致全国经济在多方面都受到了或大或小的影响，但灾情的阴影下，"共享员工"这一全新的商业模式却开始萌芽。

盒马生鲜作为共享员工的领头羊，于2020年2月3日宣布联合云海肴、西贝莜面村、探鱼、青年餐厅等餐饮品牌达成"共享员工"的合作后，陆续有餐饮、酒店、影院、百货、商场、出租车、汽车租赁等32家企业加入进来。截至2020年2月10日，已有企业员工1800余人加入盒马，正式上岗。

受疫情影响，以西贝莜面村为代表的传统餐饮企业"闲得慌"，而以盒马生鲜为代表的生鲜电商天天都过"双十一"，出现了"用工荒"。在这样的非常时期，盒马生鲜首先开启了一场"救人亦自救"的抗"疫"行动。

当然，盒马生鲜与餐企员工的合作，不是新型雇佣关系，而是临时的过渡措施。

2020年2月4日以来，生鲜传奇、沃尔玛、步步高等多家公司也发出了"共享员工"的邀请，欢迎暂时歇业的员工前去"上班"。2月5日，京东7FRESH发布了"人才共享"计划，邀请临时歇业的餐饮、酒店、影线及零售联营商户员工前去"打短工"。2月6日，阿里巴巴本地生活推出就业共享平台，招募万名餐饮员工临时送外卖。

疫情下的"共享员工"，是一场共同抗"疫"行动。不过值得进一步探讨的是，"共享员工"合法吗？实际效果如何？可有隐患？

不得不说，市场环境下民营企业的整合力量和效率还是很强大的。

西贝莜面村等企业都积极参与到这件事中，并没有反馈出太多的麻烦。一是当下情况比较紧急，即使有问题，处理问题的效率也会极高。二是餐饮和零售同属大消费，两个行业的基础岗位用工模式和能力要求十分接近，比如餐饮企业的服务员，简单培训之后就能立即胜任超市的售货员。并且，餐饮和零售的用工风险程度也很接近，甚至零售的工伤风险系数比餐饮还要低。因此在劳动关系、风险规避之类的问题上，双方其实都有比较成熟的应对机制。

其实，这种模式在国际上已经非常流行，在国际用工标准中叫作"灵活用工"。不少企业都存在淡旺季，比如春节是餐饮业的旺季，黄金周是旅游业的旺季，而夏季一般是酒店业的旺季，旺季时用工量会达到一个爆发点。

所以，不少企业都存在用人需求的波段性，如果按照旺季需求来招人，一定会亏损，因为很多企业的毛利并不高，需要靠高周转来增加盈利。如果按照淡季来招人，一定是满足不了旺季的需求，所以需要灵活用工。

不同的是，这次疫情下，"共享员工"是企业与企业之间自行调配人力资源，解决特殊时期的问题。而国际上的普遍做法是，由第三方公司来调配企业之间的用工需求，在一些发达国家这种方式已经非常流行，国内也正在慢慢兴起，业界普遍认为这将会是未来10年中国在人力资源供给方面一个最大的变化。

第二节　经常性支出费用控制

一、有效控制租金

餐厅租金是需要每月支付的，是一个重要支出部分。餐厅在签订房屋租赁合同时，要明确租金等相关事项。

（一）延长营业时间

租金是固定的，因此可以通过延长营业时间来分解每小时的利用效率。如麦当劳、永和大王等都是采用24小时营业制。当然，不是所有的餐厅都适合24小时营业，这是需要餐厅类型、周围环境等因素来决定的。

城市夜生活即使是在上海、广州，也还不完全是大众化、平民化的，更多的是少数人的一种生活方式。特别是以休闲交际为主的夜间活动，只有经过长期发展后，最终才会趋于大众化和平民化。只有发展到相当的水平和档次，24小时餐饮才能获得更好的发展。

（二）提高翻台率

提高翻台率，可以增加有效用餐客人数，从而增加餐厅收入。提高翻台率的方法，具体如表8-2所示。

表 8-2　提高翻台率方法

序号	方法名称	具体操作	备注
1	缩短客人用餐时间	从客人进入到离开每一个环节只要缩短一点时间，客人用餐时间就可以缩短，当然翻台时间自然缩短	要求每个员工都要力所能及地在自己工作范围内提高效率，缩短时间
2	候餐增值服务	对客人殷勤款待，增加免费服务，如免费饮用茶水、冰粉；免费擦鞋；免费报纸、杂志阅览；免费茶坊休息	迎宾和礼宾的工作重点是留住客人，让客人等位，避免客人的流
3	运用时间差	（1）运用对讲机，确定有台位买单情况下，等位区迎宾或礼宾就会开始为客人点菜 （2）该桌值台服务员会在桌上放置"温馨提示牌"，一方面提醒客人小心地滑并带好随身物品；另一方面提醒其他员工，准备好翻台工具	大厅与外面等位区的配合是关键
4	设置广播	（1）餐厅设置广播，每隔10分钟广播一次，内容安排可以是感谢客人用餐，提醒客人就餐注意事项等 （2）第一次广播播放选在大厅台位只剩几桌的情况下，全店员工都会知道马上要排队，应该加快工作速度	广播的作用不仅是提醒客人，更重要的是提醒员工

续表

序号	方法名称	具体操作	备注
5	提前为下一环节做准备	（1）在客人点菜后，及时询问是否需要添加主食或小吃，如果不需要的话服务员就开始核单并到吧台打单 （2）在客人不再用餐时提前将翻台餐具准备好 （3）买单后客人若未立即离开，可征询客人的意见，先清收台面和椅套围裙	每个服务员在服务中，都应该为下一环节做准备
6	效率与美感	可以选择由传菜组员工专门负责翻台的清洁卫生，不仅速度快，而且动作优美	特别注意翻台卫生，既要效率，也要注意美感
7	全员动员	（1）服务员负责缩短客人用餐时间，勤分鱼、分菜，勤做台面 （2）传菜员和保洁员负责缩短收台时间，收台迅速，清理卫生迅速 （3）后厨人员负责缩短上菜时间，出品时间快速、准确 （4）管理人员负责巡台协调，随时注意各桌客人用餐进程，对各部门没有做好的工作进行提醒	全员参与才能全方位缩短时间，翻台高峰期，各部门甚至要交叉帮忙，以翻台为前提

（三）开设外卖口

餐厅如果店面比较大，可以选择开设外卖口，可以卖自己餐厅的产品，也可以租给其他人，比如有的餐厅门口就有卖九九鸭脖、珍珠奶茶等餐厅客人可能需要的商品。当然，大家最熟悉的莫过于麦当劳的甜品站了。

但是，在开设外卖口时一定要注意不要影响到餐厅的整体形象，或者是造成喧宾夺主的效果，那将是得不偿失的。

（四）处理好与房东关系

与房东关系相当的重要，做生意"和气生财"，如果与房东关系不好，房东可能会比较苛刻。但是如果与房东关系很好，那么许多事情可能就会比较好处理。比如免费使用房东的库房、车棚等，可以节约一大笔开支。

 案例

王先生根据网上信息，通过一家中介租了一栋房屋。房屋共有两层，本打算底层开饭馆，上层住人。王先生向中介委托人支付了5万元，包括商铺进场费和两个月押金与一个月房租。

不料，当王先生去申领营业执照时发现，根本通不过环保评定，不能做餐饮。除了交给中介的钱外，他还投入了5万余元用于店铺装修。为此，王先生认为自己受骗了，要求中介退还租金，并补偿部分装修费用。

中介委托人却说之前已经提醒过王先生，做餐饮要通过环保审批。在业主、中介委托人与租户所签署的三方合同上面，写到若遇到政府不允许经营或因其他原因整改，一切责任由租户自负。中介可以对承租方进行协商补偿，但要求收1个月违约金和从合同生效期开始至合同终止日的租金。

（五）租金交付时间

租金交付尽量不要年交，最好是半年交、季交，因为如果由于经营不善或其他原因导致餐厅无法经营下去，那么就是违约了，需要交付违约金，从而浪费资金。

以下是提供某餐厅的房屋租赁合同，仅供参考。

【实战范本8-01】▶▶

餐厅房屋租赁合同

出租人：_____（以下简称甲方）

承租人：_____（以下简称乙方）

甲乙双方本着平等、互利、自愿、诚实信用原则，经友好协商，双方就房屋租赁事宜达成一致，特订立此合同，以资共同遵守。

一、租赁房屋地点

租赁地点为：_____。

二、租用面积

建筑物使用面积约计_____米^2。租赁房屋及附属设施设备详见交接清单。

三、租赁房屋用途

租赁房屋将用于餐厅经营。

四、租赁期限

共计____年，从____年____月____日起至____年____月____日止。

五、租金标准

第一年年租金为____元，第二年租金为____元，第三年租金为____元，第四年租金为____元。

六、水电费

甲方向乙方提供现有的水电设施，甲方收取水电费用的标准按区供水供电部门的实际收费执行，乙方必须按时缴纳。

七、付款方式

采用预交结算法。租房费用每年结算一次，在合同签订之日一次性付清，以后每年的租房费用也在每____年____月____日一次性支付。

八、履约保证

（1）乙方向甲方缴纳风险抵押金____元，期满退场日内无息退还。

（2）在租赁期内，乙方应合法经营，甲方协助乙方办理经营所需的工商、卫生、消防等一切营业手续，乙方照章缴纳税费并全部承担办理经营所属证件的一切费用及年检、抽检等费用。

（3）在租赁期间，甲方负责对租赁房屋进行修缮。乙方应爱护房屋的设施、设备，不得损坏主体结构。由于乙方原因，造成租赁房屋（含内部设备、设施）毁损，乙方应负责维修或赔偿。

（4）租赁期内，乙方应按照消防部门要求自行设置消防设施，并严格遵守消防治安部门的有关规定，签订消防责任书，在乙方上班时间内发生的消防事故或治安事件由乙方承担经济责任和民事责任。

九、违约责任

（1）经双方协商约定违约金为年租金的____%。

（2）在租赁期内，乙方经甲方同意可以将租赁的房屋转租给第三方，否则，乙方应承担违约责任。

（3）乙方在承租期内未按合同约定的时间缴付租金的，每逾期一天按月租金的____%缴纳滞纳金，逾期超过____天不缴纳租金的，甲方可以单方解除合同，乙方应承担违约责任。

（4）租赁期内，乙方一般不能改变经营用途和范围，如变更需双方协商同意，否则，乙方应承担违约责任。

（5）甲方未按本合同约定的时间交付使用的，每逾期一天甲方应按照月租金的____%向乙方偿付违约金。

十、合同的变更、解除和终止

（1）经甲乙双方协商同意，可以解除合同。

（2）乙方由于自身的原因需解除合同时，应提前两个月，以书面形式通知甲方，甲方同意与否应在十日的内书面回函给乙方。如乙方单方面解除租赁合同，属违约行为，甲方有权将该房屋收回，并追究乙方的违约责任。

（3）因不可抗力不能实现合同目的，合同可以解除。

（4）装修及装修附加部分在解除合同或合同履行完毕后，乙方应完整将其房屋整体移交给甲方，不得拆除房屋装修部分。

（5）经双方协商同意，解除或终止合同，乙方结清房租、水电费后，方可在两天内搬迁完毕，否则按违约论处。

（6）租赁期满，租赁合同自然终止，甲方有权收回房屋。乙方如要求续租，则必须在租赁期满两个月前书面通知甲方，经甲方同意后，重新签订租赁合同。

十一、本合同适用《中华人民共和国合同法》，发生纠纷时双方协商友好解决。协商无效，提交租赁房屋所在地法院审理。

十二、本合同一式两份，双方各执一份，经双方代表签字盖章后开始生效，未尽事宜，双方可签订补充协议，与本合同具有同等法律效力。

甲方（盖章）：　　　　　　　　　乙方（盖章）：

代表：　　　　　　　　　　　　　代表：

____年____月____日　　　　　　____年____月____日

二、合理设置广告费用

餐厅为了扩大影响力，或者是提高营业额，都会采取广告促销的方式来吸引顾客。因此对其中产生的费用要做好控制和管理。

餐厅根据自己的实际情况进行广告促销，一般是在开业、假日前进行。对于一般的餐厅，可能选择更多的方式是向行人发放宣传单等成本较低的广告方式。因为如果选择电视、广播、报纸等，费用都比较高。

三、折旧费

餐厅折旧费是一项经常性支出费用，因此要进行合理控制。一般来讲，餐厅折旧主要针对的是各种固定资产。例如空调最好是三年就需要更换，否则很可能产生的费用会超过其本身价值。

作为固定资产的营业设施，因为其使用寿命超过一年，其价值是在营业中一年一年逐年减少的，需要进行折旧处理。又因为其收益也是逐年取得的，需要考虑货币的时间价值。

资产折旧额直接影响着企业的成本、利润、现金流量的多少，是一项很关键的财务数据。正确地计提固定资产折旧，是实现固定资产的价值补偿和实物更新，保证餐厅持续经营的必要条件。

折旧计算方法有许多种，会计报告中应该说明此报告究竟采用了哪些折旧方法，并且餐厅所使用的折旧方法必须相对稳定，不可随意更换不同方法。计提折旧的方法有直线折旧法、货币时间价值法、工作量法、年数总和法、余额递减法等。

（一）直线折旧法

最简单的折旧处理是直线折旧法，又称平均年限折旧法，是按照固定资产的可使用年限每年提取同等数量的折旧额。其计算公式为

年折旧额＝（固定资产原值－估计残值）÷固定资产预计可使用年限

例如：某餐厅购入一台中式炊具，购入成本为16000元，运输安装成本为1000元，预计该设备可使用年限为10年，估计残值为500元。根据上面的公式，便能计算出每年折旧额应是

年折旧额＝（17000−500）÷10=1650（元）

平均年限折旧法是假设固定资产在整个使用期间内各营业期的损耗完全一致，因此，计算出来的结果往往与实际情况有较大的差距，但是这种方法计算简单，餐厅广泛使用。

（二）货币时间价值法

固定资产的价值是在其寿命期中逐年消耗的，同时这种投资的回收也是在一段时间里逐年得到的，由于货币有时间价值，即不同年份所得到的收益价值不同，今天得到的5000元收益和一年后得到的5000元收益，尽管数额相同，但是它们的价值明显不同，因为如果将今天所得到的5000元存入银行或投资，在一年后它的价值至少是5000元再加上一年利息额，这里的利息增值就体现了货币的时间价值。

为计算简便，假设投资回报是10%，以1000元本金连续存三次，即每存满一年后取出再次存入，各年的价值计算如下。

一年后价值：$1000 \times (1+10\%) = 1110$（元）。

两年后价值：$1000 \times (1+10\%) \times (1+10\%) = 100 \times (1+10\%)^2 = 1210$（元）。

三年后价值：$1000 \times (1+10\%)^3 = 1331$（元）。

四、有效控制停车费

（一）餐厅自有停车场

如果餐厅有自己的停车场，那么停车费管理比较简单，只需要安排保安员进行管理即可。

相关链接

停车场常见问题及其处理

餐厅门口停车，经常会发生一些摩擦碰撞事件，还有小偷也在打车辆里面财物的主意，那么作为餐厅，需要做好各项应对措施。

（1）停车场出具的收款收据上应有"车辆丢失风险自负，停车场概不负责"的声明，作出的风险警示（泊车风险警示是符合《中华人民共和国消费者权益保护法》规定的。该法第十八条第一款规定："经营者应当保证其提供的商品或者服务符合保障人身、财产安全的要求。对可能危及人身、财产安全的商品和服务，应当向消费者作出真实的说明和明确的警示，并说明和标明正确使用商品或者接受服务的方法以及防止危害发生的方法。"据此规定，经营者不仅要提供安全的服务，而且对可能发生的危害要作出明确的警示，停车场经营者提示的"车主自负泊车风险"正是法律所需要的，经营者必须作出"风险警示"）。

（2）停车场入口应设立大型警示牌，此牌应相当醒目，让车主一眼就可以看见。内容可为提示其保管好贵重物品，特别是现金等以及"车辆丢失风险自负，停车场概不负责"的声明。

（3）咨询当地有关法律部门，了解发生此类事件应该怎样解决？有没有什么别的方法让餐厅的损失减少到最低？

（4）摄像头是否有必要安装在停车场里？如果安装，保安室与值班经理的办公室应该接入一个显示端。

（二）租用停车场

许多餐厅都是租用停车场来为客人提供停车服务的，因此需要支付租用停车场的费用。长期以来，就餐免费泊车一直是很多餐馆揽客的普遍招数。当然，多数免费泊车，其实是餐厅与停车场达成协议，由餐厅为顾客统一垫付停车费。

因此餐厅在租用停车场时，一定要签订停车场租用合同。以下是某餐厅的停车场租用合同，仅供参考。

【实战范本8-02】▶▶▶

餐厅停车场租用合同

甲方：商业地产公司　　　　乙方：

住址：　　　　　　　　　　　　住址：

联系电话：　　　　　　　　　　联系电话：

鉴于：

（1）乙方餐厅因规模扩大、顾客人数增多，因此需要更多停车位置，特向甲方租用停车用地。

（2）根据《中华人民共和国合同法》《中华人民共和国房屋出租条例》及其他有关法律、法规的规定，出租方和租借方在平等、自愿、协商一致的基础上就停车场租用事宜，双方经协商一致，达成停车场租用合同，内容如下。

第一条　租借方向出租方租借停车用地为_____米²，地点：_____。

第二条　交租方式由银行办理转账入户，账户为：_____。

第三条　出租金额应按月计算，而每月____日定为交租日期，租金为每月____元，交租期限不得超于每月的____日。

第四条　租借方逾期付款，每逾期一日按____%计算利息。

第五条　乙方对其车辆自己行使保管责任。

第六条　乙方除了停放其车队的车辆外，还有权对外经营车辆保管业务。

第七条　乙方自行办理消防、公安、工商、税务等一切相关的法律手续。

第八条　乙方延迟两个月未交清租金，合同自动解除，甲方收回场地。

第九条　水电费由乙方自理。

第十条　租借方对该土地仅作停车用地使用，并没有出售权，在使用期间不得擅自改变土地用途。出租方不得在租借途中擅自改变土地使用或违约，否则要负责租借方的一切经济损失。

甲方（盖章）：　　　　　　　　乙方（盖章）：

法定代表人（签字）：　　　　　法定代表人（签字）：

____年____月____日　　　　　　____年____月____日

签订地点：　　　　　　　　　　签订地点：

五、减少修缮费

餐厅的房屋需要修缮，由此会产生修缮费用。因此需要在平时注意保养，减少修缮次数，从而减少修缮的费用。

同时，在签订租赁合同时，要注意明确房屋修缮费用如何支付。注明所租房屋及其附属设施的自然损坏或其他属于出租方修缮范围的，出租人应负责修复。承租人发现房屋损坏，应及时报修，出租人在规定时间内修复。因承租人过错造成房屋及其附属设施损坏的，由承租人修复赔偿。

此外一定要爱护并合理使用房屋及附属设施，尽量不要私自拆改、扩建或增添，如果确实需变动的，必须征得出租人同意，并签订书面协议。

第三节　餐具损耗率控制

餐具管理通常是餐饮管理中的薄弱环节，也是困扰餐饮管理人员的难点问题，许多餐厅为餐具的高额破损率头痛不已——餐具破损后往往找不到责任人，不知道是厨师装盘时碰坏了，还是服务员收餐时磕破了，或是管事员清洗时摔碎了，一个盘子每使用一次，从清洗到上菜到撤回，都要经过管事、厨房、传菜、厅面等多个环节。环节复杂、经手人员多使得餐具破损控制成了餐饮管理中的"短板"，因为餐具破损不仅降低了菜肴的品质，增加了餐饮低值易耗品的费用，更重要的是影响了餐饮的形象。

一、明确不同部门餐具管理的职责

"职责分明、杜绝扯皮"——明确部门内部各岗位在餐具管理中的职责，是做好餐具管理与控制工作的关键。

首先，餐饮财务部参考同行在餐具损耗管理上的平均水平，确定餐具自然损耗率为3‰即餐饮部当月营业收入的3‰，例如，该月份营业收入为100万，则餐具自然损耗费用为3000元。餐具损耗控制在此范围以内的，由餐厅承担；如有超出部分则由厅面（含传菜）、厨房、管事三大区域按5：3：2的比例（考虑人数多少）承担，从而杜绝了扯皮现象的发生。

上述自然损耗不包括客赔和员工赔偿金额，为杜绝损坏餐具隐瞒不报的情况发生，坚持"谁打破谁负责，无人负责再公摊"的原则。如有客人损坏餐具应在第一时间上报当班领班，如当班领班不在，应上报当班主管，由其处理是否要客人来负责赔偿，并在事后主动到负责当班的主管处登记报损表；如员工在工作当中不小心损坏了餐具，应先将破损餐具清理并立即通知当班的领班过目，事后主动登记报损表，责任人当天就要按盘子的成本价把钱上交到财务，而这个盘子的记录也就从盘存数量中销掉，财务部在月底盘存时将予以剔除，不再计入自然损耗中。

不同部门餐具管理的职责如图8-3所示。

部门一 ▷ 洗涤部

洗涤部要保证从本部门出去的餐具是完好无缺的，这也是保证餐具零破损的先决条件
 （1）洗碗工将撤回的餐具检查合格后将残物刷净，并分类存放待洗涤
 （2）在清洗过程中，餐具必须分类、按规格摆放，按秩序清洗餐具（不允许混洗）
 （3）先将餐具分类放好，再进行分类清洗
 （4）清洗好或消毒好的餐具必须按规格、大小分类，整齐叠放
 （5）每天下班前，洗涤部值班人员要将餐具存入保洁柜中，餐具不能堆放太高，以防倒塌损坏
 （6）使用篓子装餐具时，不能超过其容量的70%
 （7）洗涤部领班要监督洗碗工按规定清洗，发现破损，立即开出报损单

部门二 ▷ 厨房

 （1）每天荷台上班后，检查所备餐具有无破损，将已破损无法使用的餐具挑出，做好记录并分开存放，然后上报厨师长
 （2）荷台在每餐备餐具时，如发现某类餐具突然大量缺失，要立即上报厨师长，查明原因
 （3）所领用的餐具专菜专用
 （4）如工作中有破损的情况，要做好记录并上报厨师长处理

部门三 ▷ 传菜部

 （1）传菜部对所上菜品都要按要求核对菜品质量及餐具配套情况，并对餐具破损情况逐一检查
 （2）如果发现有餐具破损的情况，或者是菜品与餐具不配套的情况，立即退回，拒绝传菜
 （3）营业期间，传菜组必须协助服务员将用过的餐具传回洗碗间
 （4）如果是因为工作不认真，对所用餐具破损未能及时发现，由传菜部负责
 （5）传菜员在传餐具过程中要小心谨慎，防止滑倒损坏餐具，操作时轻拿轻放，传菜领班需要做好监督工作

图8-3

部门四 ▷ 楼面

（1）服务员在上菜前，要对所有上菜餐具进行检查

（2）对所上菜品发现其餐具破损的，应立即退回并拒绝上桌，然后做好记录，如发现破损餐具上桌，将由服务员对破损餐具负责

（3）服务员在服务和收拾餐具时，应做到轻拿轻放，杜绝鲁莽操作，并严格做到大、小餐具分类摆放，由各区域领班负责监督，发现损坏，应追究责任，并开出破损单

（4）撤餐员对服务员所撤回餐具负责检查，检查服务员在服务当中有无造成餐具破损的情况。所有撤餐人员在撤餐的时候都应要求同值台服务员一同巡视桌面并对餐具的破损情况进行检查

（5）服务员要保管好自己所看台号的小餐具，保证其完好无缺。如果服务员自己保管的小餐具出现损耗，且无法说明原因的，由服务员自己进行赔偿

图8-3　不同部门餐具管理的职责

二、餐具破损的防范

餐具破损的情况如下。

（1）玻璃器皿和瓷器破损率最高。

（2）楼面使用的小餐具损耗率较低，厨房使用的大餐具损耗率较高。

（3）由服务员清洗的小餐具损耗率较低，由洗涤部清洗的餐具损耗率高。

（4）由服务员保管的餐具破损率较低，由洗涤部管理的餐具损耗率较高。

餐具破损原因主要包括两个：一是人为破损；二是因为使用时间长或质量差而造成的自然破损。破损原因及防范方法如图8-4所示。

三、防范餐具流失

（一）餐具流失原因

（1）生意忙时，员工不小心将餐具同垃圾一起倒入垃圾桶。

（2）外卖时，没有及时跟踪外卖餐具回收。

（3）其他部门"拿用"而遗失，或其他部门借用后无人跟进收回而遗失。

（4）少数客人用餐后将餐具拿走。

（5）员工或其他人拿走而遗失。

（6）盘点时不认真，造成漏盘假象丢失。

（二）餐具流失预防措施

餐厅应采取图8-5所示措施来防范餐具流失。

餐具的人为破损原因，主要包括以下几个方面

（1）托盘或其他装餐容器没有放稳

（2）托盘上餐具装得太多支持不住

（3）运送餐具时装得太多或不整齐，过沟或斜坡时餐具滑落

（4）洗碗间餐具台上餐具太多太乱，服务员不方便下栏，使餐具继续堆积以致压破或倾倒

（5）将玻璃杯装入不合适的杯筐内，使杯子受压或受挤而破损

（6）生意清淡时，员工打闹嬉戏造成餐具破损

（7）由于地滑，员工摔倒而造成餐具破损

（8）餐具叠放太高，由于不稳造成斜倒而破损

（9）壶类餐具的小配件丢失，如椒盐瓶的皮盖、酱醋壶的盖等

（10）外卖时装车不正确因受压而破损

（11）员工心情不好时摔打餐具泄愤而破损

（1）将餐具重新归类，按要求放到盆中。一般情况下先洗玻璃器皿，再洗瓷器。玻璃器皿，盆中最多放 3～4 个，瓷器放 8 个左右是比较安全的

（2）清洗时，一般用两盆温水，夏天水温 40 摄氏度，冬天可以再高一些。其中放餐具洗时，一般放 3～4 盖洗涤剂为宜，这样较容易擦洗干净

（3）服务员端托盘时，一般情况下，一个托盘放 8 套杯具是最安全的

（4）遇到客人敬酒或激动时，服务员要有意识地做到重点跟进，适当提醒客人，或移开其面前餐具

（5）加强对服务员端托盘平稳度的练习

（6）加强新员工对餐具爱护意识的培训，在实践工作中多跟进指导，同时安排老员工进行重点指导

图8-4 破损原因及防范方法

措施一 ▷ 餐饮企业内部流通餐具

（1）坚持使用"餐具出入登记本"，每天营业结束后，由洗涤组和厨房值班人员对在厨房存放的餐具进行盘点，由值班管理人员抽检后签字确认。第二天由会计根据"餐具出入登记本"，对每日厨房餐具损耗填写"餐具损耗登记表"

（2）每日楼面员工下班前，都要填写"楼面餐具交接表"，与管理人员和值班员工交接完餐具后才可下班

（3）楼面员工至其他区域顶台时，需与管理人员对顶台区域餐具进行交接

措施二 ▷ 餐饮企业外部餐具

餐饮企业外部餐具主要指的是送餐或出借两种情形，都必须做好记录。如有送餐，需准确填写"送餐餐具登记表"，一式两联，由双方核对并签字确认。餐具回收时，回收人需认真核对登记记录，如有餐具短缺等情况时，需在第一时间向当值管理人员汇报，并签字确认

如果是将餐具出借给其他餐厅或相关单位，一定要填写好"餐具出借登记表"，保证记录准确性，以便及时追回所借餐具

图8-5 餐具流失的预防措施

四、妥善处理客人损坏餐具

（一）常规处理

客人如在就餐中损坏餐具，应该进行赔偿。服务员要及时为客人换上新的餐具，迅速清理现场，然后委婉地告诉客人需要赔偿。客人没有异议时，服务员需及时通知吧台损坏餐具的数量、品名、赔偿价格、桌号及客人姓名。如果是主宾或主人，要顾及客人面子，在适当时机再委婉告诉客人。赔偿金额按照餐厅赔偿规定执行，营业结束后，服务员要及时上报领班，进行登记并申领新餐具。

（二）免赔情况

如果客人是老顾客，那么其不愿赔偿则可以免赔。当然，如果客人坚持拒不赔偿，也可以免赔。对于餐厅不同的管理人员，其免赔权限有所区别，如10元以下领班有权免赔；30元以下主管有权免赔；50元以上则需要上报经理。相关人员应及时做好登记，填写免赔单，在账单上以未扣形式出现。损坏餐具当事人、餐厅管理人员双方均需在免赔单上签字方可生效。免赔情况要写在值班记录上，在例会时汇报上级。

五、员工餐具管理

员工餐具管理要点如图8-6所示。

● 赔偿

（1）员工在工作中不慎损坏餐具，应立即上报领班进行记录并申领餐具，可以不立即赔偿，先做好记录，月底根据餐具损耗率进行一次性赔偿

（2）员工如是故意（因工作态度不好）损坏餐具物品，领班有权当场开赔偿单，赔偿金额为进价的一倍

（3）所有赔偿都以罚款形式上报餐厅和财务部，并做好记录

（4）一般赔偿金额在10元以下的由领班签批；50元以下的由经理签批；50元以上的需要总经理签批

（5）餐具损耗率按比例分配到各班组，月底盘点时在损耗率之内的班组，可以不对员工进行处罚。超过损耗率时，按餐具进价赔偿

（6）班组餐具损耗率超过的部分，按进价进行平摊处罚，班组负责人负有连带责任

● 奖励

如果班组餐具损耗率在控制范围内，可以将日常处罚餐具所得用来奖励餐具保管得好的员工

图8-6　员工餐具管理要点

六、做好餐具损耗及盘点记录

餐厅在每月月底进行餐具盘点，汇总一个月破损的餐具，在公告栏向公司所有员工进行展示。同时，也要做好餐具盘点记录。

表8-3～表8-7可以运用于餐具的管理过程中。

表8-3 餐具、酒具、清洁用品费用统计表

序号	用具名称	上月盘存数	本月实际数	破损量	破损比率	单价	总价
合计							

注：1.餐具由洗碗组负责统计；茶、酒、银器具由服务组负责统计；由餐厅经理负责监督检查。清洁用品由后勤库房物料库管员统计，由后勤主管负责监督。

2.餐、酒用具每月月底盘点一次，小型餐具每月破损率为5%，大型餐具每月破损率为5%。超出此比例给予罚款，低于该比例给予奖励。

表8-4 餐具盘存

序号	餐具类别	餐具名称	上月实际数	本月盘存数	破损量	破损比率
合计						

表8-5 餐具统计表

序号	餐具名称	上月盘存数	本月实际数	破损量	破损比率	单价	总价
合计							

注：1.餐具由洗碗组负责统计；酒楼经理负责监督检查。

2.餐具每月月底盘点一次，小型餐具每月破损率为5%，大型餐具每月破损率为5%。超出此比例给予罚款，低于该比例给予奖励。

表 8-6　餐具签领单

序号	餐具类别	餐具名称	申领数	实领数	领用人	备注

表 8-7　餐具存库目录统计

日期	存量	入	出	遗失	破损	总计

第四节　能源费用控制

餐饮企业能源费用主要包括水费、电费和煤气费，能源费用是餐饮企业成本控制中一项重要工作。能够合理有效地控制能源，就可以减少能源浪费，提高利润。

一、能源管理的益处

良好的能源管理会给餐厅带来许多益处，如图8-7所示。

益处一	公用事业费（能源费用）支出的减少，即餐厅可控制费用的减少，可控制利益的增加
益处二	用餐环境的改善和优化，给顾客提供一个愉悦的用餐经验
益处三	延长机器设备的使用寿命
益处四	避免不安全状况的发生，保护顾客和员工的安全
益处五	此操作档案的目的在于告诉餐厅管理人员如何做好餐厅的水、电、煤气的能源管理

图8-7　能源管理的五大益处

二、加强能源调查

在每年使用冷气及暖气的季节时，管理组应进行一次完整的餐厅能源调查。已经完成设备训练的管理组是理想的负责人，可指定为设备执行经理。

能源调查可显示餐厅所执行的能源管理原则，可了解哪项设备对建立良好能源管理的影响最大，并可提示餐厅对能源使用的警觉性。它也能协助管理者，发现目前或潜在能源浪费问题，并加以修正或预防，以尽量维持最低的能源成本。改正效率不足的错误后，应保存完整的表格记录，以作为餐厅能源情况的成绩单。

三、开展能源盘存

如同其他原料一般，能源也可以盘存。

餐厅应有衡量能源使用的定期计划，并比较现在与去年同期的使用量。盘存各类能源应使用的计算单位如下。

> 水：立方米（m³）
> 电：千瓦时（kW·h）
> 煤气：立方米（m³）

能源盘存计划应集合餐厅所有人员的努力，所以，应每月公布结果，让每位员工知道成效如何。让所有人员了解，维持能源成本的成功与否，全有赖于餐厅各人员的合作程度而定。以下为能源盘存系统的方法。

（一）建立餐厅基本用量

各家餐厅保存每年的能源使用情况表，并根据每年各月营业额预估做出每月的水、电、煤气的计划使用费用。同时，将每月实际发生的使用量画在能源使用图（可使用方格纸）上，并将此张贴公布。管理者可于同一图表上显示去年同期的实际使用量比较，让每位员工都了解能源管理的成效。

（二）色点系统

色点系统是餐厅利用控制照明、空调等设备开启设备关闭的能源管理系统。使用色点系统，可将色点贴在照明设备配电盘及开关、空调配电盘及开关上，如此可便于管理组节省能源的使用。

在照明设备配电盘及开关上，先决定哪一个开关控制照明设备的哪一部分并记录下来，以作为日后的参考。决定哪些照明设备必须于营业时段持续打开，而哪些电源可于某些时段关闭，以节约能源。然后，贴上标示及色点来区分。

1.照明设备的色点

照明设备的色点如图8-8所示。

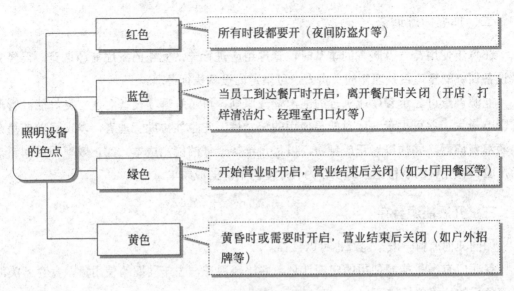

图8-8　照明设备的色点

2.空调设备的色点

空调设备的色点如图8-9所示。

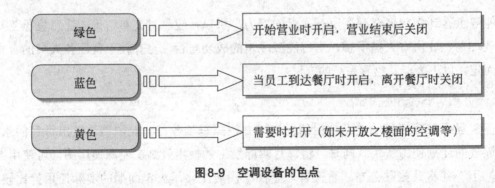

图8-9　空调设备的色点

节约能源成本的重点在于随时将可关闭的电源关闭。必须确定所有的管理组成员都了解餐厅的色点系统的重要性，并会使用。

（三）设备开启时间表

关闭无须使用的设备可节约能源。关键在于每日或每周营业额低的时段中，找出哪些设备是不需要开启的。为生产区、服务区各项设备拟定"设备开机时间表"，以餐厅的营业形态为基础。并另行准备一份"设备关机时间表"，以适应其他状况，例如午后低峰时或处于严寒天气时等（表8-8）。

为生产区、服务区中所有电气、煤气设备拟定开机时间表，是降低电力需求的真正机会，这些设备的暖机耗电量比达到作业温度所耗的电量更多。一次启动一项设备，等暖机结束后，再开启另一项设备可使用电量降至最低。

表 8-8　某餐饮店非周末设备功率开关机时间表（营业时间 8:00 ～ 22:30）

设备名称	功率/千瓦	数量/个		开关机时间																							用电量/千瓦时
				6	7	8	9	10	11	12	13	14	15	16	17	18	19	20	21	22	23	24	1	2	3	4	5	
室内音响	0.15	1	0.15																									2.2
抽风机	4	1	4																									16.0
内场照明	0.04	5	0.2																									2.9
价目牌	0.16	1	0.16																									2.3
烘手机	0.15	1	0.15																									2.2
考勤机	0.016	1	0.016																									0.2
筒灯	0.01	8	0.08																									1.2
青菜炉	3	1	3																									43.5
煮粉炉	3	2	6																									36.0
烫粉备用炉	3	2	6																									12.0
烫粉炉	3	2	6																									87.0
备用炉	3	3	9																									18.0
打汤炉	3	3	9																									139.5
灯盘	0.64	6	3.84																									55.7
侧门风幕机	0.26	1	0.26																									3.8
正门风幕机	0.26	2	0.52																									7.5
招牌	0.4	3	1.2																									17.4
小冰箱	0.5	2	1																									14.5
1～5摄氏度雪房	3	1	3																									72.0
消毒柜	1.8	1	1.8																									5.4
微波炉	1.4	3	4.2																									25.2
冷饮机	1	1	1																									14.5
电磁炉	0.12	1	0.12																									0.4
保温槽	1.5	1	1.5																									21.8
水冷空调	1.1	1	1.1																									4.4
每小时	合计		63.296																									605

注：按照餐厅自身特点填写设备名称、功率和数量，决定开启时间和关闭时间。空白处可以增加其他的用电项目。

四、能源控制

（一）能源控制的三种方式

管理能源时，可采用三种控制方式：调整控制、开启-关闭控制及维护控制，如图 8-10 所示。

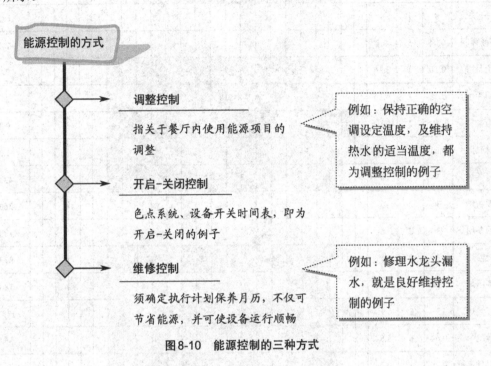

图8-10 能源控制的三种方式

另外，餐厅可以利用"能源使用情况评估表"进行自我评估，以定期检查餐厅在能源使用上的进展并附分析及行动计划。

上述所有控制能源耗用量的方法，有赖于餐厅人员训练及警觉性。人员，才是餐厅健全能源管理的关键所在。作为餐厅的管理者，应为训练及建立能源警觉性投资时间，比其他任何能源投资，更具有增加利润的潜力。

（二）空调设备的能源消耗降低细节

1.调整控制

餐厅冷热气的流出，主要是受到建筑物内、外温差的影响。所以设定空调开关上的正确温度，才能节省餐厅的能源。依国际标准来说，在冬季使用暖气时，室内温度应设为20摄氏度；在夏季使用冷气时室内温度应设为26摄氏度，多数人在此温度下更舒适。用餐区温度的测量以顾客坐下时，头部的高度为准。厨房区温度的测量，则是以服务员站立时头部高度为准。为维持适应温度，在夏冬两季调整空调开关的设定温度。其他季节依餐厅外的天气状况及温度做合理调整。另外，餐厅也须依照楼面开启情况、营运状况，适时地调整空调的开启和关闭。

2. 开启－关闭控制

如果餐厅拥有独立式空调设备，可拟定间隔式启动的时间表，一次开启1或2台空调，使用间隔式启动时间表作业，则每日可节省数小时的运作时间。

打烊后，请关闭排油烟机，可避免餐厅的热气/冷气流失或吸入。

3. 维护控制

空调设备维护的基本时间表列于计划保养月历中，严格遵守时间表作业非常重要。图8-11所示的要点为特别需要维护的作业，不仅可确保空调设备的流畅使用，更可降低其能源费用。

要点一	保持清洁的空调设备。尘土是大自然中最佳的绝缘体之一，它能阻塞冷冻线圈及其他零件，而使设备的使用效率大为减低。保持空调设备最重要、最简易的方法为，每星期至少清洁一次空气过滤网和冷凝器散热网，必要时及时更换
要点二	定期检查空调设备内部。注意是否有裂缝腐蚀、螺丝松落或其他损坏，有无异响、异味，并及时予以维修
要点三	每周检查空气入口及回风装置，根据一般的清洁时间表即可。清理上述装置不仅可改善餐厅外观，更可确保空调设备的功能。调空气流向，勿使其直接向下或对着墙壁及其他障碍物
要点四	清洁面板内的恒温器。用软毛刷将恒温器及其毛细管、护盖上的灰尘、油垢清除掉。发现毛细管卷曲，应及时予以更换（注意，须关闭电源开关）
要点五	每年检查2次冷媒管和通风管，注意是否有腐蚀、损坏的迹象，周边是否有漏油现象（表示冷煤外泄）或风管连接处松落，若有应及时予以维修
要点六	保持冷冻红圈清洁。以软毛刷清理表面尘垢，即可保持清洁的冷冻红圈
要点七	检查蒸发器滴盘，确定它是清洁及干的

图8-11　空调设备维护控制的要点

（三）冷藏、冷冻系统的能源消耗降低细节

冷冻库及冷藏库在维持半成品品质方面，扮演着极为重要角色。为维持经济的适当温度范围，管理者必须定期检视这两个系统。

1. 调整控制

餐饮企业应设定冷冻库、冷冻柜（冰箱）控制除霜周期的计时器，以节约能源，设定时间有4个周期，所选定的除霜时间，至少应在卡车进货后2小时，或是人员不会进出冷库或开启冰箱的时间为宜。其设定周期须至少间隔4小时，应避免高峰电力需求的时段。例如，早上6:00、下午6:00、凌晨12:00的时段。

冷藏库化霜时间为15～30分钟，冷冻库化霜时间为60分钟。

2. 开启－关闭控制

大型冷冻进货时，不要关闭压缩机，因为卸货后，再使冷库降温，这比让机组继续动作花费高。在进货或盘点时，不让冷库的门开着，空气帘则保持在适当位置，不可为了进出方便而将它推到旁边或取下。应鼓励人员进出冷库前做好计划，以减少往返次数。

3. 维护控制

与空调一样，良好保养的冷藏、冷冻系统，是降低能源成本最有效率的方法，也有助于延长设备的流畅运作。企业应要求员工遵行计划保养月历中的保养计划，并牢记图8-12所列事项。

事项一	每周检查冷冻库、冷藏库、冰箱的门垫是否完整。清除尘垢或食物残渣，并注意是否有裂缝及损坏情形。同时需检查冷藏门边的加热器是否运行正常，以防结冰
事项二	（1）定期以纸币检查冷藏（冻）/冰箱设备的垫圈。方法是轻轻打开冷藏（冻）/冰箱门，将纸币贴着门边，再关上门时，纸币便会夹在冰箱的门与橡胶垫圈中。关上门后，将被夹住的纸币抽出，如能轻易取出，则表明垫圈太松，如果垫圈紧密适度，纸币需用力才能取出。在每一扇门两边的顶端及底部重复此一测试。在测试大型冷藏库时，同样让纸币夹入，关门后，注意门边四周是否有滴漏的现象 （2）损毁的垫圈，松弛的弹簧，或破裂的铰链，都可能造成门缘的滴漏情形。如有上述任何一种情形出现，都应立即处理
事项三	所有冷藏（冻）机组的冷凝器及散热器线圈也应保持清洁。大型冷库与冷藏库也如此。如线圈位置靠近厨房排风口，便易于堆积油垢，而油垢正如磁场般，易于吸附尘土。使用手电筒检查线圈内部的清洁情况，同时也要检查水冷式冷凝器，以避免浪费能源或水
事项四	检查除霜计时器上的时间设定是否正确
事项五	每周检测一次冷库/冰箱温度。如温度不符合要求，则调整温度控制开关直到符合要求为止

图8-12　冷藏、冷冻系统的维护控制事项

（四）生产区设备的能源消耗降低细节

餐厅的生产区设备为主要的能源消耗者。占总能源费用的50% ～ 60%，如想节省餐厅的一半能源，就该从设备管理着手。对使用独立电表及煤气的餐厅而言，管理者应从实际度数中分析生产区设备实际的能源用量。

对良好的能源管理（及产品品质）来说，确保所有生产区设备经过校准、清洁、有计划的维护保养是非常重要的。必须确认餐厅有彻底执行日常的清洁程序。

1.调整控制

对良好的能源管理来说，保持所有生区设备的适度调整非常重要，生产区调整程序，也有助于减低能源成本。白天不需使用的设备也应予以覆盖或关闭。生产区设备最重要的调整技巧为温度校准。

2.开启－关闭控制

餐厅的整体设备是依据高峰营运的负载量而设计的。既然餐厅营运不会一直处于高峰期，一天中某些时段关闭部分设备，也是合乎逻辑的做法。

在营运平缓时注意生产区设备，在适当时段内找出关闭设备的机会，以早先讨论过的"设备关机时间表"协助管理者来拟定时间表，须保证每位服务员都彻底地了解时间表，以及使用设备的适当程序，并明白应以最有效率的方式来完成任务。在设备所需暖机的时间下尽量延迟关机时间。

管理者须花费一番心血才能决定最佳的生产区例行工作，最好的能源效率时间表，或许比所惯用的要复杂许多。管理者记住这一点：

> 每节省一元能源，就会增加一元的利润。

3.维护控制

如其他耗用能源的设备一样，应正确维护生产区设备，使餐厅更能经济地运用它。具体要参阅设备保养手册，以了解图8-13所示的重要作业程序。

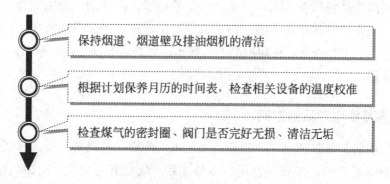

保持烟道、烟道壁及排油烟机的清洁

根据计划保养月历的时间表，检查相关设备的温度校准

检查煤气的密封圈、阀门是否完好无损、清洁无垢

图8-13 重要作业的程序

（五）照明系统的能源消耗降低细节

餐厅的照明设备其实是一种行销工具，餐厅要保持事物明亮、愉悦，而且光线充足，这些都有助于吸引顾客进入餐厅。新近成立餐厅，或是在重新装潢的餐厅里，可使用较浅的颜色、镜子、更多的开放空间，以减少照明所需。以已装修好的餐厅来说，选用节能灯泡，是控制照明能源的主要方法。

1.调整控制

日光灯较白炽灯（即普通灯泡）效率更高，使用时也会产生较低的热能。唯有大厅及用餐区的装饰照明可使用灯泡，并应选择合适的最低功率灯泡为宜。

换置日光灯管时，须使用高效能的灯管。

2.开启－关闭控制

在拟定照明设备的时间表时，无须考虑开启或暖机等重要因素，一般说来，不需照明时，即关闭。

3.维护控制

正确维护热水器是餐厅控制加热给水的关键。必须遵循维护保养月历的维护时间表，每月应对热水器进行例行检查，如有出水量减少、漏气、漏水现象应立即报修。同时定期更换热水器的干电池。

第五节　低值易耗品控制

餐厅低值易耗品包括一次性筷子、餐巾纸、餐巾布、洗洁精、拖把、地刮子、抹布、皮手套、清洁球、冰盒等。虽然每件物品都成本低廉，但是每个月的全部总计费用也是不可忽视的。所以，必须加强控制。

一、一次性使用产品的控制

一次性使用产品包括餐巾纸、牙签、一次性筷子、洗涤剂、卫生纸等。这些产品价格低，因此，其费用往往被人忽略。但是大型餐厅对这些用品消耗较多，一个月的消费量也是很大的。要控制一次性使用产品的消费量，就必须做到节约，专人、专管、专盯，计算好其使用量。

二、可重复使用产品的控制

可重复使用的产品包括桌布、口布、小毛巾、陶瓷、玻璃器具等。只要掌握正确的使用方法，降低损坏率，延长其使用寿命与次数，就能节约成本。比如在订购餐具时，不能只考虑其外观，还要考虑其实用性。餐厅一定要购买便于保存、运输、洗涤的餐具。

盘子应尽可能选择圆形的，因为圆形盘子使用时间更久。有些形状很特别的餐具很容易碰碎，也会给清洗带来一定的难度，增加报损率。玻璃器皿的选择也应遵循这一点，玻璃器皿易碎，其数量应控制在总数的25%以下。

三、办公用品的控制

办公用品包括计算机网络维护、日常办公用纸、笔的消耗。计算机采用专人专管专门操作的方法，尽量降低其维修费用、延长其使用寿命，以降低成本。打印纸可双面使用，笔用完之后换笔芯，尽可能不购买新笔。在餐厅能正常运转、营业的情况下，应尽可能地节省费用。办公用品的领用要加以控制，可以运用登记表来管理（表8-9和表8-10）。

表 8-9　贵重办公用品申请表

日期：　　年　　月　　日

申请人姓名		工作岗位		职称	
领用办公用品明细：					
办公用品名称		规格	领用目的		备注
领导意见	签字：			盖章：	

表 8-10　办公用品领用情况登记表

领用人签名	办公用品名称及规格	领用人单位	领用日期	备注

第六节　外包业务费用控制

一、员工招聘外包

小型餐厅没有专门的人力资源部，往往员工招聘就是直接由经营者亲自负责。如果是大型的餐厅，则会有专门人员负责员工招聘。不过，现在许多公司往往采取招聘外包，将招聘人员的要求提供给招聘公司，然后由招聘公司负责员工招聘。

（一）招聘外包服务公司

现在有专门的为餐饮服务业提供招聘外包服务的公司，负责餐饮行业员工的招聘。

正规的招聘外包服务公司拥有精通餐饮行业的招聘顾问与强大的执行顾问团队，以及高效的复合式招聘工具，能够为客户量身定做全方位的整合招聘解决方案，让客户享受质量、成本、服务和速度四个方面的优势，迅速填补空缺职位、改善招聘质量从而提高生产力和业绩。

（二）如何委托招聘

委托招聘是指企业将自己的招聘业务部分或者全部地，通过协议的方式委托给招聘服务公司。一般来讲委托招聘根据委托周期分一个月内的"短期"、半年内的"中期"和一年内的"长期"三种服务方式。根据服务内容可以分为"半委托"和"全委托"两个大类。

委托招聘中，招聘服务公司为客户提供招聘信息发布、简历接收、简历筛选、初试通知、初试和评估、提交候选名单、协助安排复试等系列化、可选择的服务内容，客户可以根据自身需要及业务深度，自由选择并决定招聘服务公司在招聘业务中参与的程度。这个程度也决定了招聘服务公司付出的成本和服务收费金额高低，具体如图8-14所示。

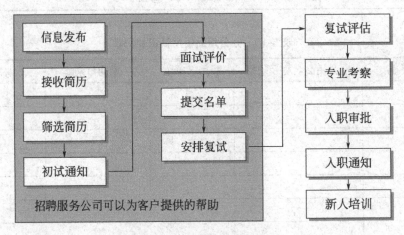

图8-14　招聘服务公司招聘流程

招聘服务公司将每个岗位招聘人数不超过3名的业务划分为"委托代理"，而将每个岗位招聘人数超过3人的业务称为"批量招聘"。

委托招聘的好处是专业把关、简化业务、降低风险、对应迅捷。

餐厅可以放心地将部分流程交给招聘服务公司来处理，而让人力资源部门得以集中精力在关注人力利用效率、提高绩效、促进员工发展、团队稳定性和文化传承等核心业务上，摆脱无休止单纯招聘的困扰，在最短时间内提供用人保障，降低待岗产生的隐性成本。

提醒您：

对于招聘外包的费用，如果不是特别需要，其实是可以省的。最简单的方法就是在餐厅门口贴上简单的一张招聘启事。如果觉得没有许多人关注，那么可以在网络上发布招聘信息，现在如赶集网、58同城等许多网站都可以免费发布。

二、餐具清洁外包

如今，许多餐厅都是使用餐具消毒企业提供的餐具，可以省去许多成本。例如某中等规模的餐厅，每天使用1000套餐具，需要聘请两名月薪1000元的工人，相应的水电费、洗洁剂费用为2000多元。不计餐具成本，每月就要支出近4000元。将餐具外包给消毒公司后，每套餐具进价为0.5元，提供给消费者的价格是1元，以每月使用3万套计算，仅餐具一项就获利1.5万元。

但是，餐厅一定要选择正规的餐具消毒企业合作，主要表现在以下几个方面。

（1）证照齐全，从业人员均持有有效的健康证明。

（2）环境卫生状况良好，卫生设施配备良好，消毒设备正常运转和使用，餐具清洗消毒符合操作规程，建立健全卫生管理制度。

（3）去渣、洗涤、清洗、消毒、包装、储存整个操作流程符合卫生标准要求。

第九章
加强餐饮成本的核算工作

引言

成本费用是影响餐饮管理经济效益的重要因素，加强成本核算与控制，降低费用开支，提高经济效益，是餐饮企业管理人员的重要职责。

第一节　餐饮成本核算的意义和作用

一、餐饮业的经营特点

餐饮企业经营特点，主要包括以下几项。

（1）其产品直接供给消费者，并提供场所及全面的服务。

（2）其产品是现制现售，不能对每个产品逐批逐件地进行完整的成本核算。

（3）其经营范围广，兼营其他零售业务。

（4）受季节和市场供应情况的影响。

二、餐饮成本核算的特点

由于餐饮企业具有集生产加工、劳动服务、商业零售于一体的独特行业特点，除原材料成本外，其他如职工工资、固定资产折旧等，很难分清用于哪个环节。

所以，计算中就习惯以原材料作为其成本要素，即构成菜品的原材料耗费之和，它包括食品原料的主料、配料和调料。

三、餐饮成本核算的作用

（一）为制定销售价格打下基础

餐饮部门生产制作各种菜肴点心，首先要选料，并测算净料的单位成本，然后按菜品的质量、构成内容确定主料、配料、调料的投料数量。各种用料的净料单位和投料数量确定后，菜品的总成本才能算出。显然，饮食产品的成本是计算价格的基础。成本核算的正确与否，将直接影响价格的准确性。

（二）为厨房生产操作投料提供标准

各餐饮企业根据本企业的经营特点和技术专长，都有自行设计和较定型的菜谱，菜谱规定了原料配方，规定了各种主、配料和调味品的投料数量以及烹调方法和操作过程等。并填写到投料单上后，配份时按标准配制。因此，成本核算为厨房各个工序操作的投料数量提供了一个标准，防止缺斤少两的现象，保证菜肴的分量稳定。

（三）找出产品成本升高或降低的原因，促进降低成本

餐饮企业制定出来的菜谱标准成本，虽然为厨房烹饪过程中的成本控制提供了标准依据，但饮食产品花色品种繁多，边生产边销售，各品种销售的份数不同，且烹制过程中手工操作较多。

因此，实际耗用的原料成本往往会偏离标准成本，这样可通过成本核算查找实际成本与标准成本间产生差异的原因。如原料是否充分利用、净料率是否测算准确、净料单位是否准确、是否按规定的标准投料。从而找出原因，促进相关部门采取相应措施，使实际耗用的原料成本越来越接近或达到标准成本，从而使这种偏差越来越小，达到成本控制的目的。

（四）为财务管理提供准确数据，实施正确经营决策

没有正确完整的会计核算资料，财务管理的决策、计划、管理、控制、分析就无从谈起。只有以核算方法、核算结果为根据，以科学的成本核算为手段，进行科学管理，从核算阶段发展到管理阶段，才能达到使企业提高经济效益的目的。

四、成本核算工作要求

（1）必须学习和掌握成本核算的基本知识及方法，做到既懂得烹饪技术，又懂得成本核算。

（2）参与成本管理，切实做好本部门和本岗位的成本控制工作。

（3）建立和健全各种管理制度（如岗位责任制、质量责任制、经济责任制等）。

第二节　成本核算事项及方法

一、成本核算基本事项

（一）餐饮成本核算类别

餐饮成本核算分厨房核算和会计成本核算两个方面，如图9-1所示。

厨房核算

会计成本核算

厨房核算主要是指为厨房生产和产品定价服务,控制厨房实际成本消耗,同时为会计成本核算提供基础数据

会计成本核算主要从会计专业化管理角度核算各餐厅和企业餐饮成本消耗及成本率,控制餐厅和企业成本,同时为企业餐饮经营者和高层领导提供决策依据

图9-1　餐饮成本核算的分类

(二)基本事项

厨房核算和会计成本核算必须做好成本核算的基本事项,主要包括三个方面的内容。

1.成本核算原始记录

原始记录也可叫原始凭证,是成本核算的依据。正确进行成本核算,必须建立原始记录制度并予以详细记录,如采购、储存、发料及生产销售等各个环节都要做好原始记录,并一式几份,以便完成记账、对账、查账等财务工作。

原始记录主要包括原料进货发票、领料单、转账单、库存单、原料耗损报告单、生产成本记录表、生产日报等。

2.成本核算计量工具

厨房为准确计量各种食品原材料的采购、领取、销售等各个环节原材料消耗,必须配备必要的计量工具。成本核算计量工具主要有三种,如图9-2所示。

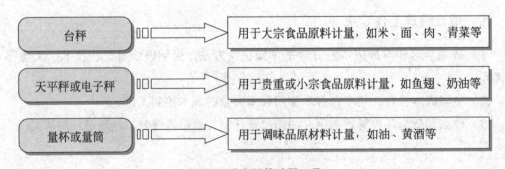

台秤	用于大宗食品原料计量,如米、面、肉、青菜等
天平秤或电子秤	用于贵重或小宗食品原料计量,如鱼翅、奶油等
量杯或量筒	用于调味品原材料计量,如油、黄酒等

图9-2　成本核算计量工具

提醒您:

在日常工作中,应根据不同食品原料适当使用不同规格的计量工具,以便准确计量、准确核算。

3.成本核算数据处理

餐饮成本核算是通过原料计量、计价和单位成本来计算实际成本的，其数据处理要正确，以便为成本控制提供客观依据。在餐饮产品成本核算过程中，其数据处理有三种形式，具体如表9-1所示。

表 9-1　成本核算数据处理

序号	形式	具体说明	备注
1	有效数据	以实测或原始记录为依据所提供的数据，比较准确	在餐饮成本核算中，一般不得采用估计数据。如果必须用估计数据时，也应以过去的实测为准，以保证成本核算数据的准确性和有效性
2	尾数处理	（1）质量尾数处理一般到克为止，克以下的质量单位采用四舍五入法，进到克为止，然后按原料单价核算成本 （2）价值量尾数处理一般到分为止，分以下的成本尾数采用四舍五入，进到分为止	（1）如果说是特别贵重的食品原材料，也可用毫克为尾数单位 （2）在产品定价时，如果价格较高，其尾数也可到角为止，角以下的价值量单位采用四舍五入法处理
3	成本误差	（1）绝对误差是实际值和标准值的差额，用绝对数表示 （2）相对误差是绝对误差和标准值间的比率，用相对数表示	

🔵 提醒您：

在成本核算中，必须保证核算制度统，方法一致，计算准确，不重复，不遗漏，以保证数据的可比性和可用性。

二、成本核算方法分类

餐饮产品品种繁多，在核算时应根据厨房产品生产方式及花色、品种不同，采用不同的核算方法，从而提高成本核算的准确性和科学性。

（一）顺序结转法

顺序结转法根据生产加工中用料的先后顺序逐步核算成本，适用于分步加工、最后烹制的餐饮产品。

在餐饮管理中，大多数热菜食品都采用分步加工，其成本核算方法是将产品的每一个生产步骤作为成本核算对象，依次将上一步成本转入下一步成本核算中，顺序类推便计算出餐饮产品总成本。

（二）平行结转法

平行结转法主要适用于批量生产的产品成本核算，它和顺序结转法又有区别。生产过程中，批量产品的食品原料成本是平行发生的。原料加工一般一步到位，形成净料或直接使用的食品原材料。

这时，只要将各种原料成本相加，即可得到产品成本。如冷荤中的酱牛肉、酱猪肝；面点中的馅料食品，如三鲜馅的饺子、包子等。

◆ 提醒您：

这些食品在加工过程中，其各种原料成本是平行发生的，只要将各种同时发生的原料成本汇总，即可得到产品总成本和单位成本。

（三）订单核算法

订单核算法是按照客人的订单来核算产品成本，主要适用于会议、团队、宴会等大型餐饮活动。这些类型的客人用餐事先都会预订，且用餐标准十分明确。

在成本核算时，首先必须根据订餐标准和用餐人数确定餐费收入，然后根据预订标准高低确定毛利率高低，计算出一餐或一天的可容成本，最后在可容成本的开支范围内组织生产。而这一过程都是以订单为基础和前提的。

（四）分类核算法

分类核算法主要适用于餐饮核算员和餐饮成本会计的成本核算。如成本核算员每天核算成本消耗，先要将各种单据按餐厅和厨房分类，然后在每一个厨房或餐厅内将成本单据按食品和饮料分类，再按食品原料种类分类记账，最后才能核算出每个餐厅或厨房的各类成本。

此外，在月、季成本核算中还可以分别核算出蔬菜、肉类、鱼类成本或冷菜、热菜、面点、汤类等不同种类的成本。

三、餐饮产品成本核算步骤

餐饮产品成本核算步骤如图9-3所示。

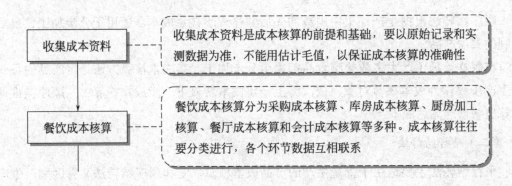

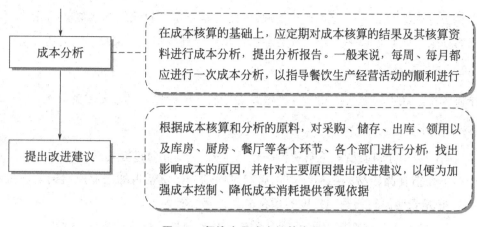

图9-3 餐饮产品成本核算步骤

第三节 餐饮原料成本核算

一、原料成本组成要素

原料成本由主料、配料、调料三个要素构成。

（1）主料，是指构成各个具体品种的主要原料，通常是指肉料。

（2）配料，是指构成各个具体品种的辅助原料，通常是指植物类的原料。

（3）调料，是指烹制品种的各种调味料。

主配料分别是餐饮行业约定俗成的，不一定是量上的区别。

提醒您：

　　虽然原料成本的构成要素只有三个，但由于食品原料范围非常大，原料来源不同，特点味性不同，要认识每一种原料特点和味性不是容易的事。

二、原料相关知识

（一）毛料

　　毛料，是指未经加工处理的食品原料，即是原料采购回来的市场形态。有些原料本身是半成品，但对餐饮企业来说，采购回来还只是市场状态，因为这些原料半成品还需要经过加工才能参与配菜，一旦经过加工后，其原料成本已经发生变化（有时尽管这种变化不是很大）。

（二）净料

　　净料，是指经加工后、可用来搭配和烹制品种的半成品。所有原料采购回来，都必须经过加工（如清洗、刀工处理、热处理），就算是一些本身已经是半成品的原料，也要经相应的处理，如鲮鱼罐头，开罐后倒出也存在着一种成本变化问题。

（三）净料成本

净料成本，是指由毛料经加工处理后成为净料的成变化，又称为起货成本。

（四）净料率

净料率，是指净料质量占毛料质量的比例（%），又称为起货成率。

净料率是指食品原材料在初步加工后的可用部分的质量占加工前原材料总质量的比率（%），它是表明原材料利用程度的指标，其计算公式为

$$净料率=加工后可用原材料质量÷加工前原材料总质量×100\%$$

在原材料品质一定，同时在加工方法和技术水平一定的条件下，食品原材料在加工前后的质量变化，是有一定规律可循的。因此，净料率对成本的核算、食品原材料利用状况分析及其采购、库存数量等方面，都有着很大的实际作用。

案例1

某餐饮企业购入带骨羊肉16千克，经初步加工处理后剔出骨头4千克，求羊肉的净料率。

羊肉的净料率=加工后可用原材料质量÷加工前原材料总质量×100%

=（16−4）÷16×100%

=75%

案例2

某餐饮企业购入黑木耳3千克，经涨发后得水发黑木耳8.50千克，但从涨发后的黑木耳中拣洗出不合格的黑木耳和污物0.20千克，求黑木耳的净料率。

黑木耳的净料率=加工后可用原材料质量÷加工前原材料总质量×100%

=（8.50−0.20）÷3.00×100%

=276.67%

三、影响净料率的因素

净料成本核算是品种成本核算的基础，影响净料成本的因素如下。

（1）进货的价格，原料的采购价格高低直接决定了起货成本的高低。

（2）进货质量，进货质量不好，也会影响到起货成本的高低。

四、净料成本的计算公式

大部分采购回来的食品原料经过加工后都会有净料成本的变化，这样其单位成本也发生了变化，所以必须要进行净料成本的核算。其核算公式如下。

$$净料成本 = （毛料总值 - 副料总值）÷ 净料率$$

公式说明：毛料总值就是指采购回来的食品原料的市场形态。副料总值就是指对毛料加工后剔除出来的原料还可以作为其他用途的部分。

例如，毛鸡经宰杀后，剔除出来的鸡血、鸡肾、鸡肠还可作为其他用途的，应另计算。净料率一般都有行业约定俗成的比例。

 提醒您：

这个公式是计算所有食品原料净料成本基本公式。根据原料的加工方式和用途不同，这个公式的运用可分为一料一用、一料多用等，所有的分类计算都是这个公式的变通。

五、一料一档成本核算

一种原材料经过加工处理后只有一种净料，下脚料已无法利用。其成本核算是以毛料价值为基础，直接核算净料成本，其计算公式是

$$净料成本 = 毛料总值 ÷ 净料率$$

 案例1 ‹

菜心每500克的进货价格是1元，每500克的菜心改成菜远是125克，求每500克菜心的净料成本。

生菜胆净料成本 = 1元 ÷（125克 ÷ 500克）= 4元

每500克菜远的起货成本是4元。

案例2 ‹

某餐饮企业购入原料甲15千克，进价5.70元/千克。经初步加工处理后得净料

11.25千克，下脚料没有任何利用价值，求原料甲的净料成本。

根据净料成本的计算公式，原料甲的净料成本为

$$原料甲的净料成本 = 毛料进价总值 \div 净料总质量$$

$$= 15 \times 5.70 \div 11.25$$

$$= 7.60（元/千克）$$

如果毛料经初步加工处理后，除得到净料外，尚有可以利用的下脚料，则在计算净料成本时，应先在毛料总值中减去下脚料的价值，其计算公式为

$$净料成本 = （毛料进价总值 - 下脚料价值）\div 净料总质量$$

 案例3

某餐饮企业购入原料乙10千克，进价6.80元/千克。经初步加工处理后得净料7.50千克，下脚料1千克，单价为2元/千克，废料1.50千克，没有任何利用价值。求原料乙的净料成本。

根据净料成本的计算公式，原料乙的净料成本为

$$原料乙的净料成本 = （毛料进价总值 - 下脚料价值）\div 净料总质量$$

$$= [（10 \times 6.80）-（1 \times 2）] \div 7.50$$

$$= 8.80（元/千克）$$

六、一料多档成本核算

一种原材料经加工处理后可以得到两种以上的净料或半成品。这时，要分别核算不同档次的原料成本。食品原材料加工处理形成不同的档次后，各档原料的价值是不相同的。为此，要分别确定不同档次的原材料的价值比率，然后才能核算其分档原料成本。其核算公式为：

$$分档原料单位成本 = \frac{毛料价格 \times 毛料质量 \times 各档原料价值比率}{各档净料质量}$$

 案例1

猪腿10千克，单价为30元/千克，共计300元，经拆卸分档，得到精肉6千

克，肥膘2千克，肉皮1千克，筒骨1千克，各档原料其价值比率分别为64%、19%、11%、6%。请核算各档原料单位成本

$$精肉单位成本＝（300×64\%）÷6＝32（元）$$
$$肥膘单位成本＝（300×19\%）÷2＝23.5（元）$$
$$肉皮单位成本＝（300×11\%）÷1＝33（元）$$
$$筒骨单位成本＝（300×6\%）÷1＝18（元）$$

 案例2

　　某餐饮企业购入鲜鱼60千克，进价为9.60元/千克，根据菜肴烹制需要进行宰杀、剖洗分档后，得净鱼52.50千克，其中鱼头17.50千克，鱼中段22.50千克，鱼尾12.50千克，鱼鳞、内脏等废料7.50千克，没有利用价值。根据各档净料的质量及烹调用途，该餐饮企业确定鱼头总值应占毛料总值的35%，鱼中段占45%，鱼尾占20%，求鱼头、鱼中段、鱼尾的净料成本。

$$鲜鱼进价总值＝60×9.60＝576（元）$$

鱼头的净料成本＝（鲜鱼进价总值－鱼中段、鱼尾占毛料总值的和）
$$÷鱼头净料总质量$$
$$＝[576－（576×45\%＋576×20\%）]÷17.50$$
$$＝201.60÷17.50$$
$$＝11.52（元/千克）$$

鱼中段的净料成本＝（鲜鱼进价总值－鱼头、鱼尾占毛料总值的和）
$$÷鱼中段净料总质量$$
$$＝[576.00－（576×35\%＋576×20\%）]÷17.50$$
$$＝259.20÷22.50$$
$$＝11.52（元/千克）$$

鱼尾的净料成本＝（鲜鱼进价总值－鱼头、鱼中段占毛料总值的和）
$$÷鱼尾净料总质量$$
$$＝[576－（576×35\%＋576×45\%）]÷17.50$$
$$＝115.20÷12.50$$
$$＝9.22（元/千克）$$

　　分档定价后，鱼头的净料总值为201.60元（11.52元/千克×17.5千克），鱼中段

的净料总值为259.20元（11.52元/千克×22.50千克），鱼尾的净料总值为115.20元（9.22元/千克×12.50千克），平均的净料成本为10.97元/千克。

七、半成品成本核算

半成品成本核算是指经过制馅处理或热处理后的半成品，如虾胶、鱼胶等。半成品成本核算的公式是

半成品成本＝（毛料总值－副料总值＋调味成本）÷净料率

 案例1

每500克鱼肉的进货价格是8元，制作鱼胶的调味料成本是1元，由鱼肉制作成鱼胶的净料成本是95%，无副料值，求鱼胶的净料成本。

鱼胶净料成本＝（8+1）÷95%≈9.47（元）

每500克鱼胶的净料成本是9.47元。

每500克鱼肉的进货价格是7元，制作鱼胶的调味料成本是1元，由鱼肉制作成鱼胶的净料成本是95%，无副料值，求鱼胶的净料成本。

鱼胶净料成本＝（7+1）÷95%≈8.42（元）

每500g鱼胶的净料成本是8.42元。

 案例2

已知干鱼白每500克的进价是100元，经过涨发后的净料率是450%，其中耗油约300克，每500克食用油的价格是8元，求涨发后的鳝肚净料成本。

耗油成本＝（300÷500）×8=4.8（元）

鳝肚净料成本＝（100+4.8）÷450%≈23.30（元）

每500克鱼白净料成本是23.30元。

💬 提醒您：

在计算半成品净料成本时，关键是净料率的测定，最实在的净料率最好是通过实际的测定。

八、调味成本核算

调味成本核算方法有两种：一种是计量法，也是传统做法；另一种是估算法，也是现代较流行的做法。

计量法就是根据使用多少量的调味料，按照每500克的进价来计算实际的调味成本。这种计算办法由于比较烦琐，在实际使用过程中较少使用。

最多使用的是估算法，即根据企业本身的实际情况，计算出每种销售规格的平均调味成本。

提醒您：

估算法适用于一般的品种成本核算。如果是一些特别的品种（特别是高档的品种），应该使用计量法，这样才能准确算出调味成本。

第四节　餐饮产品成本核算

一、餐饮产品成本核算方法

（一）餐饮产品成本核算方法

餐饮产品成本核算方法，主要包括先分后总法和先总后分法两种。其中，先分后总法适用于单件制作的菜点的成本的计算。先总后分法适用于成批产品的成本核算。

（二）单件产品成本核算方法

单件产品成本核算，采用先分后总法。随机选择产品抽样，测订单件产品实际成本消耗。根据抽样测定结果，计算成本误差。填写抽样成本核算报表，分析原因，提出改进措施。

 案例1

> "碧绿鲜带子"，鲜带子每500克的进价是25元，净料率是95%，用量是150克，西兰花每500克的进价是3元，净料率是65%，用量是200克，调味料成本是1元，求该品种成本。
>
> 鲜带子净成本＝（25÷95%）×（150÷500）≈7.89（元）
>
> 西兰花净成本＋（3÷65%）×（200÷500）≈1.80（元）

原料总成本=7.89+1.80+1=10.69（元）。

"西兰花带子"的原料总成本是10.69元。

这是一个较标准的品种成本核算，即是将各种主料、配料的每500克净成本乘以用量，然后按照品种标准成本配置（无论有多少种主配料），相加到一起就是该品种的原料总成本。

（三）批量产品成本核算方法

批量产品成本核算是根据一批产品的生产数量和各种原料实际消耗进行的。批量产品成本核算采用先总后分法，其计算公式为

$$单位产品成本=\frac{本批产品所耗用的原料总成本}{产品数量}$$

其成本核算方法包括三个步骤。

（1）根据实际生产耗用，核算本批产品各种原材料成本和单位产品成本。

（2）比较单位产品实际成本和标准成本，计算成本误差。

（3）填写生产成本记录表。若成本误差较大，应分析原因，采取控制措施，如凉菜、点心等。

 案例2

猪肉包子60个，用料：面粉1千克，进价为4元/千克；猪肉500克，单价为30元/千克；酱油150克，单价为5元；味精3克，葱末50克，姜末5克，作价1元，计算猪肉包子的单位成本。

每个猪肉包子成本=（4×1+30×0.5+5×0.15+1）÷60≈0.35（元）

二、宴席成本核算

（一）分析"团队用餐通知单"，明确成本核算前提条件

团队（或会议）用餐通知单是根据客人预订要求制定的。其内容包括用餐人数、餐费标准、起止时间、餐费安排、酒水标准和客人禁忌或特殊要求等。它既是团队或会议成本核算的客观依据，也是其成本核算的前提条件。因此，正式进行成本核算前，管理人员都要掌握和分析"团队用餐通知单"的有关内容和数据，才能正确进行成本核算。

（二）计算团队或会议用餐的餐费标准，确定可容成本

团队或会议用餐的费用按人数和天数标准下达。由此可根据用餐人数和天数，确定总餐费标准。但在实际工作中，团队或会议用餐又是按早、中、晚三餐安排的。

提醒您：

> 餐费标准还要根据每人每天的费用标准，按事先规定的比例分配到每个餐次。然后再按费用标准，确定每人、每个餐次可安排的费用。

在这一过程中，还要考虑到团队或会议用餐的毛利率，确定可容成本。这里的可容成本是指客人的餐费标准除去毛利以后的食品原材料成本。

三、餐饮成本常用报表

（一）餐饮成本月报表

食品成本月核算就是计算一个月内食品销售成本。通常需要为餐饮部门设一个专职核算员，每天营业结束后或第二天早晨对当天或前一天营业收入和各种原料进货、领料的原始记录及时进行盘存清点，做到日清月结，便可计算出月食品成本。

餐饮成本月报表有两种编制方法：一种是领料单确认成本法；另一种是实地盘点法。

餐饮成本月报表见表9-2。

表9-2 餐饮成本月报表

月初食品库存额 本月进货额 减：月末账面库存额
加：月末盘点存货差额
本月领用食品成本
减：下脚料销售收入 招待用餐食品成本 员工购买食品收入 员工用餐成本 月食品成本
月食品营业收入
标准成本率
实际成本率

（二）餐饮成本日报表

餐饮成本日报表，如表9-4所示。

表 9-3　食品成本日报表

年　月　　日至　年　月　　日

餐厅名称		本日数	本月累计数	原材料类别	本日		本月累计	
					成本/元	比例/%	成本/元	比例/%
	食品收入			乳品				
	食品成本			水产				
	食品毛利率			肉类				
	食品成本			粮油				
	食品毛利率			珍品				
				干果蜜饯				
				调味				
				其他				
				合计				

成本核算员：

四、成本系数法成本核算

成本系数是食品原材料经加工制作形成净料或成品后的单位成本和毛料进价成本间的比值。采用成本系数法来核算食品成本或产成品的单位成本，可以为成本核算带来方便。

简化计算过程，减少工作量。成本系数的计算公式为

$$成本系数 = \frac{净料或成品单位成本}{毛料进价成本}$$

净料或成品单位成本 = 毛料进价成本 × 成本系数

第五节　餐饮产品价格核算

一、餐饮产品价格构成

（一）组成要素

由于餐饮企业的经营特点是产、销、服务一体化，所以菜品价格的构成应当包括菜品从加工制作到消费各个环节的全部费用。

售价 = 原料成本 + 毛利额

原料成本就是主料、配料和调味料经加工后的成本总和，也即是净成本的总和。毛

利额是经营费用加上应得利润的总和。

由于原料因产地、因季节和组合方式而造成起货成本的差异，使原料成本的变化千差万异。

毛利额是个绝对值，在实际使用中，难以表达出所应承担的费用和应获取的利润，故多用毛利率概念，即用比例（%）表示。计价方法也是使用毛利率而不是使用毛利额。

不同的品种和销售对象就有不同的毛利率。这样，原料成本与毛利间可有数不清的多种组合，还受到多种因素影响而变动。

（二）影响价格的因素

在餐饮企业，影响价格的因素大致可分为内部和外部两种，具体如表9-4所示。

表9-4 影响价格的因素

序号	类别	具体说明
1	内部	（1）原料成本包括原料进货价、净料和组合成本，是决定品种售价的主要因素 （2）技术水平，即实际的烹调操作水平，操作水平较稳定，成本变化也稳定；反之，成本就容易产生上下浮动 （3）经营方针，即经营档次和经营特色对品种定价的影响，主要表现为毛利率的影响 （4）期望值，即管理者希望能实现的毛利率水平，对每一类销售品种，都有确定的毛利率标准
2	外部	（1）饮食潮，流行的饮食品种或经营方式，一般会受到上述需求与价格关系规律的支配 （2）目标市场的特点，即市场定位的顾客需求特点，表现为对价格的程度和承受力 （3）竞争格局，就是在一定的区域里，由竞争对手所形成的竞争局面，竞争越激烈，对价格就越灵敏 （4）其他如通胀率、物价指数、一定时期的经济政策，以及社会大型活动都会构成对价格的影响

二、毛利率法

（一）毛利率与价格的关系

菜品的价格是根据菜品成本和毛利率制定的。毛利率的高低直接决定价格水平，决定着企业的盈亏，关系着消费者的利益。

（二）成本毛利率法

成本毛利率法，是指以品种成本为基数，按确定的成本毛利率加成本计算售价的方法。由于这是由毛利与成本的比的关系推导出来的，所以叫作成本毛利率法。其计算公式如下。

菜品销售价格=菜点原料成本×（1+成本毛利率）

提醒您：

　　利用成本毛利率计算出来的只是理论售价，或者只是一个参考价格，因为在实际操作中，还要根据该品种的档次及促销因素来最后确定品种的实际售价。

 案例

　　荔茸鲜带子用荔茸馅150克、鲜带子6只、菜远100克制作。其中荔茸馅每500克8元，鲜带子每只3元，菜远每500克1.2元，净料率30%，无副料值，调味成本是1元，成本毛利率是41.3%，理论售价是多少？

　　1.计算原料总成本

　　　　　鲜带子起货成本 $3 \times 6 = 18$（元）

　　　　　荔茸净成本 $= (150 \div 500) \times 8 = 2.40$（元）

　　　　　菜远净成本 $= (1.2 \div 30\%) \times (100 \div 500) = 0.80$（元）

　　2.代入公式

　　　　　理论售价 $= (18元 + 2.40 + 0.8 + 1) \times (1 + 41.3\%) \approx 31.37$（元）

　　荔茸鲜带子的理论售价是31.37元。

（三）销售毛利率法

　　销售毛利率法，是以品种销售价格为基础，按照毛利与销售价格的比值计算价格的方法。由于这种毛利率是由毛利与售价之间的比率关系推导出来，所以叫销售毛利率法，其计算公式如下。

　　　　　品种理论售价 = 原料总成本 ÷（1−销售毛利率）

（四）毛利率间的换算

　　成本毛利率与销售毛利率之间的关系如下。

　　　　　成本毛利率 = 销售毛利率 ÷（1−销售毛利率）

　　　　　销售毛利率 = 成本毛利率 ÷（1+成本利率）

（五）运用毛利率技巧

　　在既定的原料成本下，毛利率的高低决定了品种售价的高低。因此它不仅涉及各项经营指标实现，而且还涉及经营政策和价格促销策略的实施。利用毛利率来计算餐饮产品价格，具体如表9-5所示。

表 9-5　运用毛利率技巧

序号	技巧	具体说明	备注
1	运用毛利率的基点	（1）大众化饭菜，毛利率应低一些 （2）筵席和特色名菜、名品的毛利率应高于一般菜品的毛利率 （3）技术力量强、设备条件好、费用开支大的企业，毛利率应略高；反之应略低 （4）时令品种的毛利率可以高一些；反之应低些 （5）用料质量、货源紧张、操作过程复杂精致的，毛利率可以高些；反之应低	传统对毛利率运用是以计划经济基础，基于对稳定物价、平抑物价浮动而考虑的
2	高成本低毛利	高成本是指品种的原料成本相对较高而言，如一些高档的干货品种、高档的海鲜品种等，受到需求定理的影响，高档次品种因为价格较高而销售量都不会很大，如果再计入较高的毛利率其售价就更高，销售量就会更低	高成本的品种，考虑到价格承受力，一般都不适宜计算太高的毛利率，而只计一般的毛利率，利用适中的价格来扩大销售量，增加其获利能力
3	低成本高毛利	如果品种的原料成本较低，则可以计算较高的毛利率，主要包括中档左右的畅销品种	不仅可拉近中档与高档品种的价格距离，更重要的是借此补足"高成本低毛利"的损失
4	毛利率综合平衡	有些品种不够毛利，有些品种能获取很高的毛利，无论低毛利还是高毛利，都需要协调各分类品种的毛利率，使其综合毛利率达到指标	毛利率的综合平衡是用个别品种的分类毛利率加权平均计出的，是一个期望值

第六节　餐饮成本核算管理常用表格

一、餐饮成品生产记录

餐饮成品生产记录见表9-6。

表 9-6　餐饮成品生产记录

序号	生产日期	菜点名称	单位	生产量	单位成本/（元/单位）	成本率/%	单位售价/（元/单位）	总售价/元

二、餐饮成品成本日报表

餐饮成品成本日报表（表9-7）是餐厅逐日记录成本数据的重要表格。

表 9-7　餐饮成品成本日报表

日期	直接购入	仓库领用	内部调拨	下脚料出售	菜点成品成本		菜点成品收入		菜点成品成本率	
					当日	累计	当日	累计	当日	累计

三、食品原材料损耗记录表

食品原材料损耗记录表见表9-8。

表 9-8　食品原材料损耗记录表

序号	日期	食品原材料编码	食品原材料名称	实际损耗数量	损耗原因	厨师工号	审批人

四、退回菜品记录表

退回菜品记录表见表9-9。

表 9-9　退回菜品记录表

序号	日期	菜品编码	菜品名称	点菜单编号	服务员工号	厨师工号	退回原因	审批人